変わる日本史の通説と教科書

本郷和人

宝島社新書

はじめに

教科書は変わるもの

読者の皆さんは自分が使っていた教科書をいまでも持っていますでしょうか。ページを開くと「710年に平城京に遷都」とか「1192年に源頼朝が鎌倉幕府を開く」とか、「ああ、こんなこと習ったなあ」とすぐに思い出す人も多いのではないかと思います。

あるいは、「なんと大きな平城京」とか「いい国作ろう鎌倉幕府」とか、年号をリズムのある語呂で丸暗記した、という人も多いでしょう。

もし、最新の教科書と、皆さんが使っていた教科書がお手元にあったら、比べてみるとどうでしょうか。あるいは、いま中学や高校で日本史を習っている人は、自分が使っている教科書と、お父さんやお母さんが使っていた教科書を見比べてみて下さい。

ずいぶん、内容に違いがあることに気づくと思います。日本史の教科書については、本書でも少し詳しく述べますが、そもそも教科書というのは、原則として学習指導要領に基づき、4年ごとに改定されます。つまり変わるのが普通、と言ってよいかもしれません。

また、それは日本史研究という学問の進展とも密接に関わっています。日本史研究のなかには、さまざまな「学説」や歴史に対する見方、解釈がありますが、そのなかには「通説」や「定説」と呼ばれる、皆の意見がある程度、一致したとされる「説」があります。

基本的に、教科書に載っているのは、「定説」であると考えていただいてよいとは思います(とはいえ、その関係はかなり微妙なところがあります。これについては私自身の考えを、本書のなかで述べておりますので、ぜひ読み進めていただけたらと思います)。

考古学的な資料の発見や、歴史史料の読解を通じて、これまで歴史的事実とされてきたことのなかには、現在、疑問視されていることも少なくありません。歴史研究者たちのあいだでの議論が、教科書の改訂のなかにも影響を及ぼしていることもまた、事実です。

さまざまな歴史観

例えば、本書の第1章でも詳しく説明しますが、戦前・戦中の教科書には、『古事記』や『日本書紀』などのいわゆる「神話」が、歴史的事実として掲載されていることが普通でした。そのように子どもたちを教育していたのです。

当時は、日本の歴史を天皇中心に考える「皇国史観」という、ひとつのイデオロギー的な歴史観が非常に影響力を持っていた時代でした。

当時の日本史研究界では、平泉澄らを中心とする皇国史観の立場をとる研究者が活躍していました。この時代には、皇国史観に反する学説を提唱すると、不敬罪に当たるとして批判された学者もいました。

こうしたイデオロギーは第二次世界大戦終結後に否定され、戦後になると、より実証的な日本史研究が目指されました。また、それと同時に別の歴史観が台頭してきます。

それは「唯物史観」と呼ばれるものです。カール・マルクスやフリードリヒ・エンゲルスが唱えた社会観・歴史観に影響されたもので、大枠だけ述べるならば、それは社会を上部構造と下部構造に分け、政治や文化、宗教といった上部構造は、経済的な生産構造である下部構造に規定されるというものです。

第二次世界大戦後、世界は資本主義・自由主義陣営である西側と、共産主義・社会主義陣営である東側に分かれて、東西冷戦体制へと入っていきます。戦前・戦中の日本は大きく「右」に針が触れた時代でしたが、それが否定されたのちには、真ん中で止まらず、今度は大きく「左」に触れたのです。

ですから、戦後の何年かは、知的エリートは「左」でなくてはならないという時代でした。私が大学に入った頃でも、まだ学生運動は続いており、コンクリートの壁に「造反有理」などといった言葉がペンキで書かれ、大学構内にはさまざまな抗議文を書いた立て看板が並んでいた時代です。

当時、日本史を研究していた人のなかにも、本気で社会革命を起こさないといけない、と考えている人がいました。それに伴って、日本史研究にも「唯物史観」の影響が色濃くなり、そうした学説や歴史解釈も登場してきました。

歴史を「考える」

それならば、戦後の教科書は、「唯物史観」というイデオロギーに塗り替えられたのかというと、そうではありません。もちろん、信条としては、「唯物史観」的であったとしても、それを前面に押し出すのではなく、あくまでも事実に基づいて歴史を組み立てる実証的な歴史研究を進めてきました。教科書の多くも、実証的な歴史観のなかで、作られてきたのです。

戦後の教科書を作ってきた人たちは、自分の意見だけではなく周囲の意見を聞き、あくまでも実証できる事実の範囲に基づいていていました。

東京大学の日本史研究室においても、佐藤進一先生をはじめとする「唯物史観」に影響を受けた先生方がいましたが、あくまでも実証を旨として、研究も教科書作りもされてきました。もちろん、そこにはまったく影響がないかと言われれば、解釈が分かれるところでもあります。具体的には本書の各論を読んでいたき、読者の皆さん自身が考えていただきたいところです。

日本史研究、ひいては歴史というものは、人々の考え方次第で、さまざまに変わってしまうものでもあります。戦前・戦中と戦後でガラッと変わってしまったように、そこには、ただ「いい国作ろう鎌倉幕府」と年号を語呂合わせで覚えただけではわからない、歴史の奥行きがあります。

本書は、教科書や定説の変化を通じて、ただ暗記だけの日本史ではなく、歴史を「考える」ことをひとつのテーマとしました。日本史教育のあり方についての私なりの考えも、少しだけ述べさせていただきました。本書が、「日本史」という学問に興味を持つきっかけになってくれたら、嬉しく思います。

本郷和人

目次

第2章 中世編

第3章 近世編

第1章

古代編

定説はいかに作られるか

教科書のシェアは山川出版社が圧倒的

日本史の「教科書」といったとき、基本になるのは高校生向けの教科書です。高校生の日本史教科書のなかでも圧倒的なシェアを誇っているのが、山川出版社から刊行されているものでしょう。これに続いて、東京書籍、実教出版などの教科書が続きます。山川出版社は主に東京大学文学部の日本史研究室の先生たちが中心となって、古代史、中世史、近世史、近現代史とそれぞれの専門家が担当し、執筆しています。

教科書は、学習指導要領の改訂に基づいて、原則として4年ごとに改定されています。新しい教科書が発売される頃には、次の教科書の執筆者委員会が編成されて、改定作業が始まっているわけです。

定説はとてもあいまい

また、私たち研究者のあいだでは、「通説」や「定説」と呼ばれるものがあります。しかし、そもそも「通説」や「定説」とは何でしょうか。

例えば私は中世史を専門とする研究者ですが、日本の中世国家というものを考えるときに、大きなくくりで言えば「東国国家論」と「権門体制論」というものがある。簡単に言うと、前者は鎌倉幕府もひとつの国家として認めて、東国には朝廷を中心とする西国とは異なる国家があったとする考え方、後者は朝廷こそ中世国家を担うものでそのトップに天皇がいる、だから鎌倉幕府というのは二の次の存在であるという考え方です。

そのように、中世国家をめぐって二分する議論があるのですが、問題なのは、この「東国国家論」と「権門体制論」というふたつの説のどちらが勝って定説になるのか、ということです。もちろん学会などで大討論会を開いて、それぞれの説を主張する学者がお互いに意見を述べ合い、最終的に多数決かなんかで決める、というわけにはいきません。

それでは通説や定説というのはいったいどのように決まっていくのかというと、実のところ、よくわからないというのが本音です。

誰も唱えていない1185年説と1192年説

本書内でも紹介しますが、鎌倉幕府はいつできたのかをめぐっては、１１８５年説と１１９２年説があります。皆さんが子どもの頃習ったのは、１１９２年説で、「いい国《1192》作ろう鎌倉幕府」という語呂合わせで覚えたのではないでしょうか。それが１１８５年説だと「いい箱《1185》作ろう鎌倉幕府」という語呂で覚えるそうです。

ある歴史好きなＴＶプロデューサーの企画で、この１１８５年説と１１９２年説に分かれてそれぞれの学説を主張する研究者を集め、討論会番組を作ろうという話を持ちかけられたことがあります。私は、それぞれの説を主張する研究者を集めてくれないかと頼まれました。ところがいざ調べてみると、驚いたことに、１１８５年説を主張する研究者も、１１９２年説を主張する研究者もどこにもいなかったのです。

教科書に載ったから定説になる？

山川出版社の教科書『詳説日本史B　改訂版』には、次のように書かれています。

「1185（文治元）年、平氏の滅亡後、頼朝の支配権の強大化を恐れた法皇（後白河法皇のこと）が義経に頼朝追討を命じると、頼朝は軍勢を京都に送って法皇にせまり、諸国に守護を、荘園や公領には地頭を任命する権利や1段当たり5升の兵粮米を徴収する権利、さらに諸国の国衙《こくが》の実権を握る在庁官人を支配する権利を獲得した。こうして東国を中心にした頼朝の支配権は、西国にもおよび、武家政権としての鎌倉幕府が成立した」

このように源頼朝が征夷大将軍に任ぜられた1192（建久3）年以前に、幕府が成立していたと読める記述になっています。とはいえ、続いて「その後、頼朝は（中略）、1192（建久3）年、後白河法皇の死後には、征夷大将軍に任ぜられた。こうして鎌倉幕府が成立してから滅亡するまでの時代を鎌倉時代と呼んでいる」と書かれており、1185年説でも1192説でもどちらとも取れるような形で、断定的には書かれていません。というのも、先ほど説明した通り、どちらの説も主張する研究者がいないというところに行きつきます。

教科書は研究者が作るわけですが、研究者のなかにも自説を全面的に前に出して主張する人もいれば、自説は別として周囲の意見を取り入れ支持の多い説を採用する人もいます。しかし、教科書はどうしても紙幅が限られていますから、作者がどういう意図で書いたのか、読者に説明する場所がない。

通説や定説がどのように作られるかはわからないと述べましたが、仮に教科書の記述によって定説が決まるのだとすれば、その意図がわからない以上、「定説」というものはいったいなんだろうと疑問は深まるわけです。

01

日本神話が教科書に掲載されていないのはなぜ？

皇国史観が強かった時代の教科書

読者の皆さんは、「神武天皇」と聞いても日本史で習った覚えがないという人が多いのではないかと思います。『古事記』『日本書紀』に登場する日本国の創始者となったとされる天皇です。日向《ひむか》（現在の宮崎県周辺）から大和（現在の奈良県周辺）まで、軍を率いて各地を平定し、即位したとされる天皇ですが、このような記紀の記述は、歴史学者・津田左右吉《そうきち》らに「史実ではない」と否定されていました。

けれども、天皇を中心とした皇国史観が勢いをもつと、戦前の学校教育では、『古事記』『日本書紀』の記述は、教科書に盛り込まれて史実として教育されました。

当然、そうした教科書は、イザナギとイザナミの「国生み神話」から始まるわけです。皆さんは「肇国《ちょうこく》」という言葉をご存知でしょうか。私自身、もちろん戦後の生まれですから知らなかったのですが、戦前・戦中の教育を受けた方なら皆ご存知だと思います。これは国の始まり、建国を意味する言葉で、このような言葉を通じてイザナギ、イザナミから天孫降臨などの神話を史実として教わったのです。

しかし、太平洋戦争を経て戦後になると、皇国史観は批判され、一転して「物質的な生産力や生産関係の変化が歴史を作る」とする唯物史観が中心になってきます。このイデオロギーの転換によって、記紀の記述は批判され、歴史の教科書には掲載されなくなりました。

現行の山川出版社の『詳説日本史B　改訂版』では次のように書かれています。

「天武天皇時代に始められた国史編纂事業は、奈良時代に『古事記』『日本書紀』として完成した。（中略）『古事記』は、神話・伝承から推古天皇に至るまでの物語であり、（中略）『日本書紀』は、（中略）神代から持統天皇に至るまでの歴史を天皇中心に記している」

『古事記』『日本書紀』それぞれには注釈が付されており、前者は「そのまま史実とはいえない」、後者は「本文中には中国の古典や編纂時点の法令によって文章を作成した部分もあることから十分な検討が必要であるが、古代史の貴重な史料である」としています。

「史実とはいえない」「十分な検討が必要」と但し書きされているように、現在でも戦後の改訂が生きていると言えるでしょう。

「古ければ古いほどいい」という価値観

神話は史実ではなく、一種の物語です。しかし、戦前の教科書にはその物語が前面に出て、史実として掲載されていたのでした。

それでは、なぜ、皇国史観が神話も史実に含めたか。

それは、日本民族、ヤマト民族の歴史は古いということを印象づけるためだったのではないでしょうか。歴史は長ければ長いほど良いとする価値観があったのではないかと思います。

例えば、お隣の韓国を見てみると、韓国には5000年の歴史があるとしていま

岩戸神楽之起顕

天岩戸から出てくる天照大神を描いた春斎年昌「岩戸神楽之起顕」（提供：akg-images/アフロ）。

す。13世紀末に記された『三国遺事』に登場する紀元前2333年に即位したとされる檀君《だんくん》が国の始まりとされています。つまりそれは中国4000年の歴史よりも古いことを意味するわけです。この檀君が開いたとされる国を「檀君朝鮮」と呼びますが、この檀君が即位した紀元前2333年を元年とする檀君紀元は、韓国では1961年まで西暦とともに併用されていました。

ちなみにこの檀君は、神（もしくは人）である桓雄《かんゆう》と熊との間に生まれたとされています。これは日本がそうだったように、国を統合するナショナリズム的な影響とも密接に関連していると言えるでしょう。

日本でも、天皇の権力を集中させるために皇国史観に則《のっと》り、イザナギ、イザナミによる国生みから、アマテラス、ツクヨミ、スサノオという三柱の神が生まれ、アマテラスの子孫が天皇陛下であるという教育を戦前、戦中では行っていました。この記紀の神話と天皇の物語を重視する歴史観が支配的だったからこそ、そのような史実が教科書に記されたのです。

しかし、先述したように皇国史観が強まる以前の明治から大正にかけては、例え

紀元前2333年に朝鮮国を開いたとされる檀君の肖像（提供：Alamy/アフロ）。

ば津田左右吉のように、記紀の記述を史料的には根拠がないものとして断じていました。

神話が歴史になる日はまた来るのか？

皇国史観自体は、1911（明治44）年に天皇の暗殺を企《くわだ》てたとして、幸徳秋水をはじめとする社会主義者や無政府主義者が処刑された大逆事件が起こった頃から、次第に影響力を持ち始めます。津田が記紀の記述を批判したのは大正に入ってからのことでしたが、段々と歴史記述についても締め付けが厳しくなりつつある時代だったと言えるでしょう。戦時中は最もこの統制が厳格になった時期でした。

戦後、こうした歴史観が否定されたのちには、記紀は神話であり、物語であって歴史ではないという解釈が一般的になります。現在の歴史学は実証を重んじていますから、裏取りができないことは史実として挙げることは原則できません。記紀が史実である証拠はありませんから、当然、教科書に掲載する場合には、「そのまま史実とはいえない」という断りが必要になるでしょう。

それでは今後、教科書に日本神話が掲載される可能性があるか。結論から言えばあるだろうと思います。

例えば2017（平成29）年2月、文科省が発表した学習指導要領案では、（これは中学の社会科になりますが）内容の取り扱い（3）において「考古学などの成果を活用するとともに、古事記、日本書紀、風土記などにまとめられた神話・伝承などの学習を通して、当時の人々の信仰やものの見方などに気付かせるように留意すること」と記されています。

あくまでも学習指導要領案ですので、これがそのまま適用されたわけではありませんが、今後、日本神話を意識した教科書の内容になる可能性もあるわけです。とりわけ、日本という国の始まり、「肇国」の物語としてきちんと言わないとだめだ、という意見も出てくるかもしれません。

その際には、現代の実証的な歴史学に照らして、これは神話である旨も明記することが必要でしょう。

02

教科書を揺るがした「旧石器捏造事件」

「日本に原人がいた」と誰もが騙された

日本神話を史実として掲載するかしないかは、時代の、とりわけ政治的なイデオロギーで決まってきた点を先ほど見てきました。言ってしまえば、政治的なイデオロギーによって学問の成果が曲げられた時代があるということになりますが、学問の世界にも学閥もあれば、政治もあります。そのなかで学問的な事実が作られることだってあります。

その例として顕著なのが、２０００（平成12）年に発覚した「旧石器捏造事件」でした。当時の日本の考古学界では、日本における旧石器時代は東北を中心に約60万年前までさかのぼれるという学説がありましたが、その証拠となる石器を発掘し「神

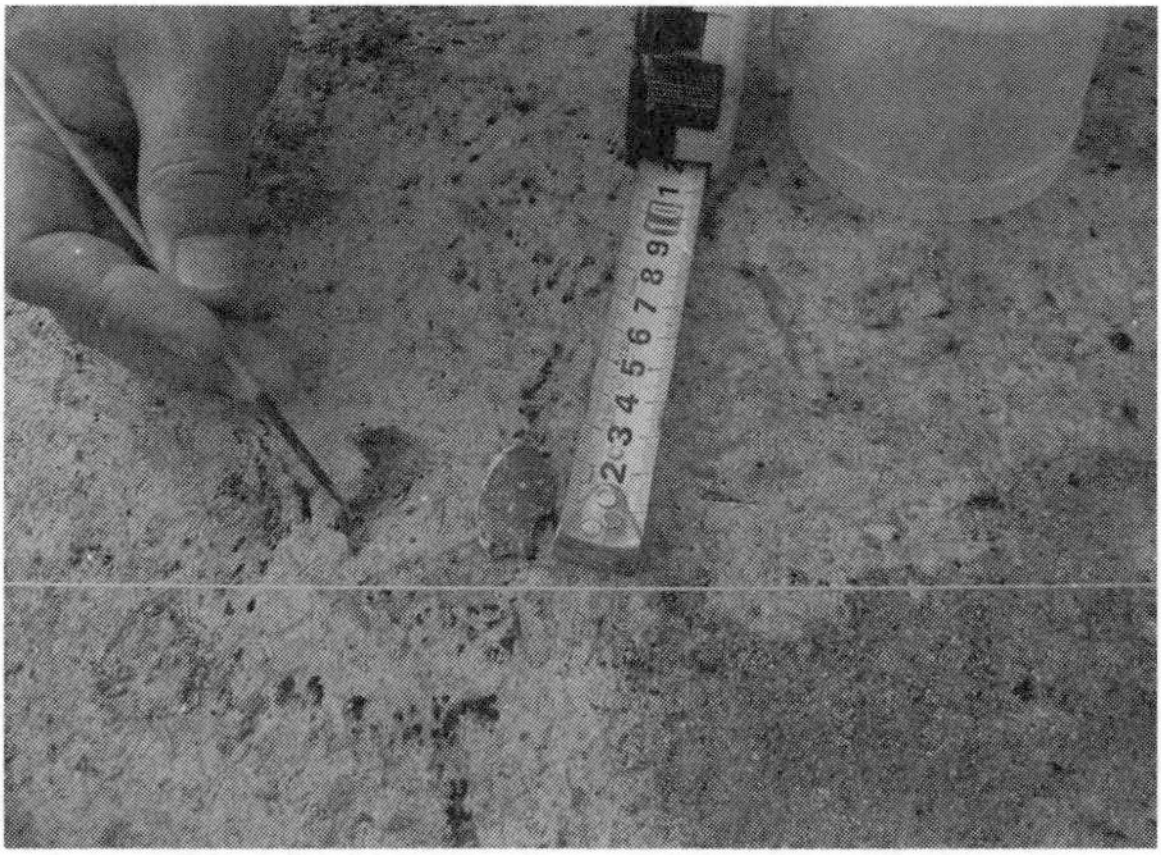

宮城県築館町の上高森遺跡で見つかった捏造と見られる痕跡（提供：共同通信）。

座散乱木遺跡再調査終了後、現地で検証結果の報告を聞く住民たち（提供:共同通信）。

の手」とも呼ばれたF氏は、自分の手で石器を埋めて、それを発見するという自作自演を行っていたことが発覚したのです。

F氏が関わった上高森遺跡や座散乱木《ざざらぎ》遺跡、馬場壇A遺跡などを再調査したところ、新石器時代のものと断定され、右の学説は否定されました。F氏の調査が根拠となり、この学説は1980年代から浸透していたため、捏造発覚前には教科書にも記載されていたのですが、発覚以降は記述が改められました。

実際に現在の山川出版社『詳説日本史B　改訂版』では、「日本列島で発見されている旧石器時代の遺跡の多くは約3万6000年前以降の後期旧石器時代のものであるが、各地で中期(約3万6000〜約13万年前)や前期(約13万年以前)旧石器時代にさかのぼる遺跡の探究が進められている」と記されています。

先述したように神話を史実とした皇国史観の前提には、中国の歴史に張り合うかたちで、日本の歴史も古いと言いたい欲望がありました。中国に代わってアジアのリーダーを自称しようとした戦前・戦中には、日本の歴史も中国の歴史に負けないくらい古いということを喧伝《けんでん》したかったのでしょう。捏造発覚以前の当時の教科書には、中国の北京原人のような原人が、日本にもいた可能性についても記されていました。

F氏の捏造が、30年近くも表に出なかったこと、その背景には、日本の古さを追い求めようとする考古学界内の功名心があったのではないでしょうか。古いものを見つけられるのは誰か、という話で言えば、考古学界内は伝統ある大学と新興の大学の間で、学閥のような対立がありました。

実際には捏造発覚以前から小田静夫氏や竹岡俊樹氏らがF氏の発見を疑問視する論文を発表していましたが、学閥的な対立によって事実上黙殺され、これが捏造発覚まで時間を要する要因となったとも言えます。

また、発見された遺跡は、その地域にとっては村おこし・町おこしのきっかけとなる貴重な観光資源ともなっていました。地方自治体も巻き込んで大きな資本が動くこともあります。話題性の大きさに無批判に飛びつくマスコミの姿勢も大きかったと言えるかもしれません。

そのほか、より専門的には、旧石器時代の遺物の年代測定は、遺物の出土した地層（関東ローム層などの火山灰地層）の年代測定に頼っていたことも問題の一因だったと考えられています。

最新の科学で年代を測定する

現在では、複数の科学的方法で考古学の遺物を分析するようになっています。しばしば用いられる測定方法に、放射性炭素年代測定と蛍光X線分析があります。

放射性炭素年代測定は、自然界における炭素の放射性同位体である炭素14の割合がほぼ一定であること、また約5730年で炭素13へと変化していくという物理的な性質を利用した測定法です。

つまり、発掘された遺物に含まれる炭素13と炭素14の比率を調べることで、年代を特定します。現在では、炭素14の数そのものを直接計測する加速器質量分析法（AMS法）などに改良されて用いられています。

また蛍光X線分析は、特定のX線を標本に照射した際の反応から、その元素を分析する手法です。これにより、遠隔地の間での物品のやりとりを明らかにすることができます。

例えば、青森県にある縄文時代の遺跡、三内丸山遺跡では黒曜石が発見されています。同じ黒曜石でも、産地によって元素単位の特徴が異なり、蛍光X線分析により調べることができます。これによって三内丸山遺跡から出土した黒曜石は、長野県の和田峠産のものと酷似していることが判明しました。

つまり、縄文時代には青森と長野のそれぞれの地域が交易により結ばれていたことが推察されるわけです。

こうした分析技術の進歩は、教科書にも反映されており、例えば現在の山川出版社の『改訂　詳説日本史B』には炭素年代測定法(炭素14年代法)についても詳細に触れられています。

03
縄文時代にはすでに稲作が始まっていた？

縄文時代の終わり、弥生時代の始まりはいつ？

縄文時代にすでに稲作が始まっていたかどうか。これは縄文時代とその後の弥生時代をどう定義するかが問題になります。一般的には、狩猟採集を行っていたのが縄文時代、稲作の始まりが弥生時代とされますが、そのように区分した場合、縄文時代には稲作はないと考えるのが普通です。

しかしこれに反して、例えば1978（昭和53）年に福岡県の板付遺跡では、縄文時代晩期の夜臼《ゆうす》式土器が出土した層から水田の跡が見つかっています。以降、九州北部の各地で、水田や用水路の跡など、稲作の痕跡を示す遺物が出土しました。その後、佐賀県唐津市の菜畑《なばたけ》遺跡からも、縄文時代晩期後半の山ノ寺式土器ととも

菜畑遺跡の顕彰施設・末盧館で再現された竪穴式住居。

に水田跡や取水口・排水口の跡が発見されました。

稲作の始まりを弥生時代の始まりと定義するなら、これまで縄文時代晩期としていた時代を弥生時代早期としなければならなくなります。この発見によって、弥生時代の始まりの年代について議論がなされていますが、現状は据え置きとなっています。

というのも、夜臼式土器は、鹿児島県から愛知県までの広範囲に分布する「突帯文土器」に分類され、縄文時代晩期を特徴づける土器とされます。この突帯文土器が出土する遺跡のなかには、水田跡や稲作の跡が見当たらないため、突帯文土器が出土する時代は縄文時代晩期のままとする意見も根強いのです。

そのため、教科書では、「佐賀県の菜畑遺跡、福岡県の板付遺跡など西日本各地で縄文時代晩期の水田が発見され、この時期に水稲農耕が始まっていたことが知られる。このように一部で稲作が開始されていながら、まだ縄文土器を使用している段階を、弥生時代の早期ととらえようとする意見もある」（山川出版社『詳説日本史B 改訂版』）と注釈をふるにとどめています。

いつから弥生時代とするのか、という時代区分の問題はそんなに簡単な問題ではありません。第2章の「中世編」でも改めてこの問題を取り上げたいと思います。

縄文人は定住し栽培をしていた

さて、稲作に関連して、もうひとつ別の考古学的発見がありました。それは日本列島における稲作の伝播《でんぱ》という問題です。

稲作は弥生時代前期には西日本まで、中期には関東まで、後期には東北中部まで広がったとするのが定説でした。かつての教科書では、「西日本から次第に東北地

三内丸山遺跡の様子。

方中部まで広がった」というような記述がありましたが、これを覆す考古学的事実が1980年代に続々と見つかったのです。

　1982年に青森県南津軽郡の垂柳《たれやなぎ》遺跡で弥生中期の水田跡が、1987年には弘前市の砂沢遺跡から弥生前期の水田跡が発見されました。これにより、短期間のうちに東北北部まで稲作は伝播したことが明らかにされました。その一方、関東では狩猟採集の存在感が大きく、稲作は東北よりも遅れて伝播したことが判明しました。

　ちなみに縄文時代の人々は、少人数で群れをなして暮らし、狩猟採集を生業とし、非定住だったとするのがこれまでの通説でしたが、1992（平成4）年に、青森県で見つかった三内丸山遺跡などの巨大集落の存在によって、縄文人は狩猟採集だけでなく、クリやヒョウタン、エゴマ、ゴボウ、マメ類などを栽培し、大人数で集住していたことがわかりました。

従来、大豆栽培は弥生時代前期に始まったと考えられており、これを大きく覆したことにもなります。教科書の記述も「前期以降には（中略）マメ類・エゴマ・ヒョウタンなどの栽培もおこなわれたらしい。また一部にコメ・ムギ・アワ・ヒエなどの栽培も始まっていた可能性が指摘されているが、本格的な農耕の段階には達していなかった」（山川出版社『詳説日本史B　改訂版』）とされています。

04

邪馬台国は畿内にあった!?

九州説と畿内説が対立

中国の史書『三国志』所収の「魏書」第30巻にあたる「東夷伝倭人条」、すなわち「魏志倭人伝」には、日本最古の統一王朝として知られる邪馬台国《やまたい》の存在が記されています。女王・卑弥呼《ひみこ》が統治したこの王国は、その所在地をめぐってさまざまな説が唱えられてきました。

「魏志倭人伝」には、朝鮮半島中西部の帯方郡から邪馬台国に至るまでの行程が記されています。そこには不弥《ふみ》国から船で南に20日間進むと投馬国に至り、投馬国から南に「水行十日、陸行一月」進むと邪馬台国に至ると記されています。

問題となるのは、この「水行十日、陸行一月」という記述です。水行は船、陸行

吉野ヶ里遺跡の再現された物見櫓。

は陸路を行くことを意味しているのは問題ないと思いますが、「船で10日、もしくは陸路でひと月」という意味なのか、「船で10日、さらに陸路でひと月」という意味なのか、どちらを取るかで行程は大違いです。

これにより、邪馬台国の所在地については、大別して九州説と畿内説に分かれて論争に発展しました。

九州説を主張する人たちは、現在の福岡県と考えられる不弥国から南に投馬国があり、さらに南に邪馬台国があるというのだから、畿内ではありえないとしています。実在の遺跡としては、1986（昭和61）年に見つかった佐賀県の吉野ヶ里遺跡を邪馬台国跡として有力視しています。吉野ヶ里遺跡では、大規模な環濠集落跡や城柵跡、物見櫓《ものみやぐら》跡が発見されており、「魏志倭人伝」の邪馬台国の記述を想起させるものでした。

他方、畿内説を主張する人たちは、当時の中国では日本列島は南北に延びていると考えていたとし、「魏志倭人伝」の編者は本来ならば東であるところを南と誤って書いてしまったのだろうと推測しています。確かに、同時代の中国の地図のなかには、日本列島を南北に延びたかたちに描いたものもあります。畿内説を取るならば、その後のヤマト政権とのつながりも当然意識されてきます。

纏向遺跡の発見が論争に終止符を打つか？

九州説では吉野ヶ里遺跡を有力視していますが、畿内説では近年、奈良県の纏向《まきむく》遺跡が邪馬台国跡ではないかと注目を集めています。

2009(平成21)年に確認された3棟の建造物が、卑弥呼が生きた時代と同じく3世紀前半に建てられたものだと推測されています。また、2007(平成19)

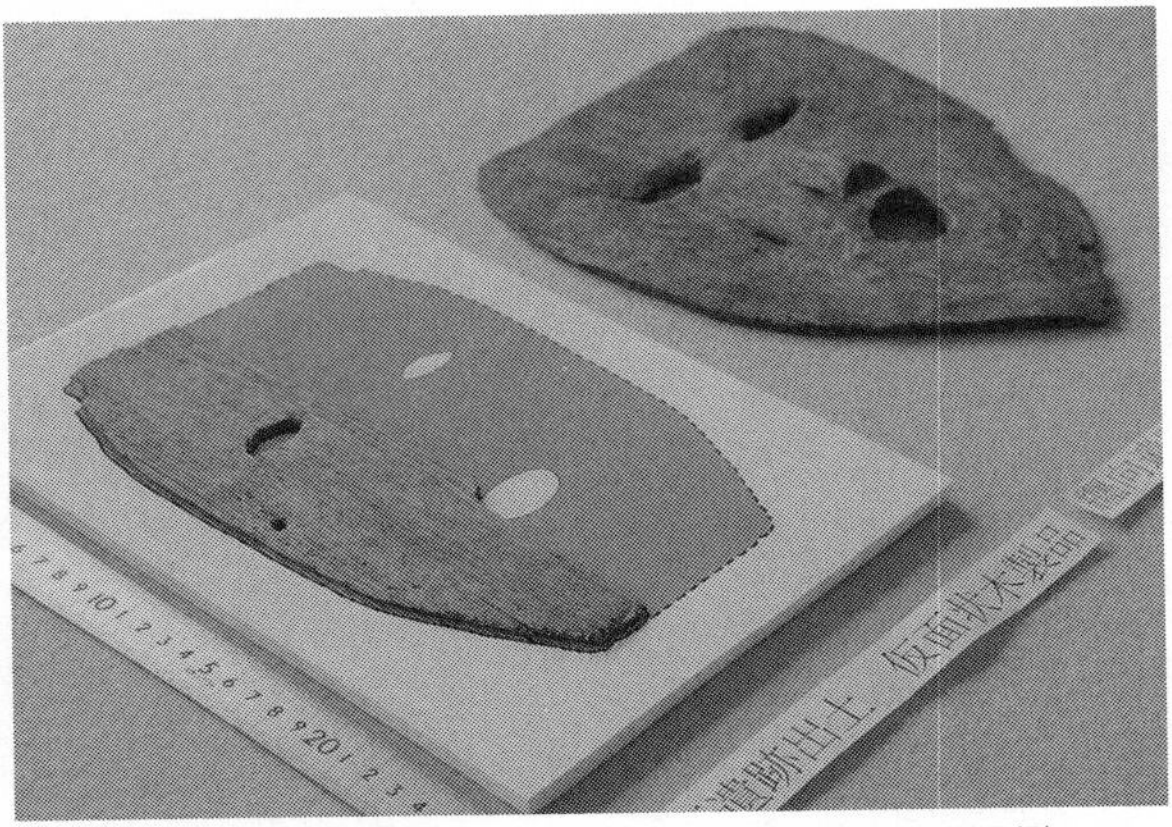

纏向遺跡の仮面のレプリカ(右)と大福遺跡から出土した仮面(提供：共同通信)。

年には、同遺跡から3世紀前半のものと見られる木製の仮面が出土しました。これは祭祀に使用されたものだろうと考えられており、シャーマン的な存在だったとされる卑弥呼と結びつける解釈もあります。また同じく出土した3世紀前半のベニバナの花粉が、日本では自生していない品種だったことから、中国経由で伝わったと推測されました。これにより、当時の纏向遺跡は中国との交易があったのではないかとも考えられます。

また、纏向遺跡には日本最古の大型前方後円墳・箸墓《はしはか》古墳があります。宮内庁によれば、この古墳には第7代孝霊天皇の皇女・

箸墓古墳の様子。

倭迹々日百襲姫命《やまとととびももそひめのみこと》が埋葬されているとしていますが、根拠に乏しく、畿内説を主張する人たちは、ここには卑弥呼が埋葬されていると考えています。

この箸墓古墳の築造年代は当初3世紀後半～4世紀と考えられており、卑弥呼が亡くなったとされる247年頃とは大きくかけ離れています。しかし、箸墓古墳と同時期に建造されたと考えられる兵庫県の西求《にしもと》女塚《めづか》古墳、奈良県の黒塚古墳から見つかった三角縁神獣鏡の研究により、この時期の古墳の築造年代が30～40年ほどさかのぼることがわかりました。

また、2009（平成21）年には、国立

歴史民俗博物館の調査により、土器などの測定結果から箸墓古墳の築造年は240~260年頃と発表されています。

これにより、今日では邪馬台国の所在地は畿内説が有力になっていると言えます。同様に現在の日本史の教科書には、九州説と畿内説の両方が紹介されていますが、注釈として「奈良県桜井市の纏向遺跡では、2009(平成21)年に3世紀前半頃の整然と配置された大型建物跡が発見され、邪馬台国との関係で注目されている」(山川出版社『改訂　詳説日本史B』)とあります。

地域経済・自治体とも関わる遺跡発掘

こうした古代王国の所在地問題は、「旧石器捏造事件」に関する項目でも少し触れましたが、学閥も含めてさまざまな人々の思いが関わってきます。地元の有力者が、自分のところに邪馬台国を持ってきて、地域活性化に使いたいために主張するというようなケースもないわけではありません。

そこには古代のロマンと物語もあるだろうと思いますが、やはりこうした古代遺跡の所在を決めるのは、あくまでも実証的な研究に基づいて、ということになります。そのため、教科書もどちらか一方の説に傾くのではなく、両論を並記するとともに、最新の研究に基づいた事実を記載するのです。

05 「大和朝廷」ではなく「ヤマト政権」

「大和朝廷」とは何か？

かつては「4世紀半ばまでに、近畿の豪族を中心とする勢力によって『大和朝廷』が起こり、日本を統一した」というようなかたちで、皆さんも習ったのではないかと思います。

「大和朝廷」というのは、天皇の祖先である大王が政治を行うところで、伝説では九州からやってきたとされていますが、大和平野南部に興った豪族とするのが定説のようです。

これは先ほど紹介しました邪馬台国はどこにあったのか、という点とも関連してきます。九州説によれば、西の邪馬台国の勢力が東遷し、国々を平定して「大和朝廷」

を形成したことになります。反対に、畿内説によるならば、邪馬台国と「大和朝廷」は連続した政治連合ということになります。

いずれにせよ、「大和朝廷」の勢力範囲や成立時期については、その影響を示す前方後円墳、出土品に刻まれた文字によって裏付けられるとされています。先述した3世紀後半の築造とされる奈良県の箸墓古墳が最初期のものと考えられます。出土品としては、埼玉県埼玉《さきたま》古墳群に含まれる稲荷山《いなりやま》古墳から出土した鉄剣や熊本県江田船山古墳から出土した鉄剣の銘文に「大和朝廷」の大王を表す文字が刻まれており、その勢力範囲の広さが窺えます。

朝廷か政権か――変わる呼び名

現在の教科書では、「大和朝廷」は、次のように記述されています（山川出版社『詳説日本史B　改訂版』）。

「出現期の古墳の中でもっとも規模が大きいものは、奈良県（大和）にみられ、この時期大和地方を中心とする近畿中央部の勢力によって政治連合が形成されてい

稲荷山古墳から出土した鉄剣の金文字（提供：共同通信）。

た。この大和地方を中心とする政治連合をヤマト政権という」

　このように、「大和朝廷」という言葉は教科書にはなく、代わりに「ヤマト政権」と呼称が変わりました。

　そもそも朝廷とは、天皇を中心として貴族が政治を行う場所や仕組みを指しています。古代においては、まだ天皇という言葉は使われておらず、「大王」でした。そのため、「大和朝廷」と呼ぶよりも、単に「ヤマト政権」と呼ぶ方がしっくりくる、というわけです。天皇という称号がいつ使われるようになったかについては本章で後述したいと思います。

　しかし、この呼称の問題は、意外と根が深いものです。

　例えば「幕府」という言葉があります。鎌倉幕府、室町幕府、江戸幕府などと言いますが、幕府というのはもっと時代が下って明治時代になってから使われるようになった呼称で、当時は幕府とは呼んでいませんでした。

　そうなると、鎌倉幕府は鎌倉政権と呼ぶべきでしょうか。ただ、これもよくよく考えてみますと、政権とはすなわち政治権力のことを指します。しかし、鎌倉幕府は政治というよりも武士たちによる軍事を司るところという趣のほうが強いのです。反対に当時の朝廷は政治を司っていましたので、たとえ政権と呼んでも問題ありません。

武士の長である将軍の権力を中心とした鎌倉幕府は、軍事と政治の両輪で進んでいきますが、どちらが重要かと言えば、やはり軍事なのです。軍事政権と呼ぶべきか、もっと約《つづ》めるなら軍権と呼ぶべきか、正直なところ、どう言っていいのかよくわかりません。仕方がないから、私は「源頼朝とその仲間たち」と呼んだりしています(笑)。

現代ミャンマーから見る政権の違い

2021年2月、ミャンマーではミャンマー国軍がクーデターを起こし、当時の国民民主連盟政権の実質的指導者だったアウンサンスーチー氏を拘束し、軍事政権を樹立しました。アウンサンスーチー氏はそれ以前にも軍による自宅軟禁を受けながらも、ミャンマーの民主化に尽力し1991年にはノーベル平和賞を受賞しています。その後、国際社会の支援を受けて、2010年には軟禁が解除され、2012年に議会補欠選挙に立候補し当選。2016年からは事実上のアウンサンスーチー政権が誕生しました。しかし、民主化に舵《かじ》を切ったミャンマーですが、ロヒンギャ難民への弾圧などを含めて、多くの難題が山積みで、再び軍によって拘束、政権を明け渡すことになったのです。

いわば、アウンサンスーチー氏を中心とする民主政治が、国軍を中心とする軍事に敗北した瞬間でした。鎌倉幕府と朝廷における軍事と政治の違いは、現代ミャンマーを見るとよくわかるかもしれません。

06
仁徳天皇陵に埋葬されているのは誰？

仁徳天皇陵古墳は世界最大ではない

かつての教科書には、大阪府堺市の百舌鳥《もず》・古市《ふるいち》古墳群にある仁徳天皇陵古墳は、日本最大級の古墳と紹介されていました。形状は代表的な前方後円墳で、前方部幅約３０７メートル、後円部幅約２４９メートル、高さ約35メートル、全長は約４８６メートルにも及びます。

２０１９年７月には、この仁徳天皇陵古墳を含む「百舌鳥・古市古墳群」は、ユネスコの世界文化遺産に登録されることになりました。

この古墳は、その名前からもわかる通り、日本第16代天皇の仁徳天皇が埋葬されているとされます。仁徳天皇は、応神天皇の崩御後、３１３年に即位、４世紀前半

空から見た仁徳天皇陵古墳。

固く閉ざされた仁徳天皇陵の入口。

から後半にかけて在位した天皇です。

世界文化遺産登録が決定した仁徳天皇陵古墳ですが、宮内庁が管理しており、皇室が祭祀を行っているため、現在は立ち入りが禁じられており、考古学的な発掘調査は行われていません。海外からはなぜ調査しないのかと疑問が呈されていますが、やはり天皇との関係やみだりにお墓を荒らすのはどうかという一般的な考えもあるのだと思います。

その面積は世界最大のピラミッド、エジプトのクフ王の領域面積と比べても2倍上ということで、「世界最大の古墳」とも言われることもあります。どうも日本人はその分野のトップ3を集めて「3大○○」として評価し、そのひとつに日本人や日本の文物を含めがちなようです。

例えば世界3大美人なんかも、エジプトのクレオパトラ、中国の楊貴妃ときて、日本の小野小町を入れています。

古墳＝お墓となると、クフ王のピラミッド、秦の始皇帝陵、そして仁徳天皇陵古墳を入れて、三大古墳とするようですが、姑息《こそく》に日本のものを入れるところがなんとも情けないように思えます。

エジプトのクフ王のピラミッドよりも大きいと胸を張っていた仁徳天皇陵ですが、イギリスの新石器時代の墳墓のなかには長さ500メートルを超える土手状のものがあり、正確には「世界最大」とは言えなさそうです。

前方後円墳は日本独自のもの

ただ、前方後円墳のような形をした墓は、日本特有のものであることは確かなようです。近年の研究では、岡山を中心とする山陽地方の墳墓の作り方と大和を中心とする畿内地方の墳墓の作り方を合体させると、前方後円墳のような形になることがわかっています。

また、日本独自ということで言えば、鏡を重視していた点も挙げられるでしょう。いわゆる三種の神器のなかにも、草薙剣《くさなぎのつるぎ》と八尺瓊勾玉《やさかにのまがたま》に加えて、八咫鏡《やたのかがみ》が含まれます。伊勢神宮でも三種の神器のなかで最も格が上なのは鏡としているようです。卑弥呼の時代から日本は中国からこの鏡を貰い、三角縁神獣鏡など多くの銅鏡が古墳には収められていました。この前方後円墳と鏡が、ある種のヤマト政権の力を誇示するものだったようです。

仁徳天皇陵に埋葬されているのは履中天皇だった？

「世界最大」ではなくなった仁徳天皇陵古墳ですが、そこに埋葬されているのは本当に仁徳天皇なのだろうか、という「そもそも」論もあります。というのも、『古事記』や『日本書紀』、『延喜式』などには、仁徳天皇陵、反正《はんぜい》天皇、履中《りちゅう》天皇の順に築造されたとされています。

しかし、古墳全体の形状や円筒形埴輪、須恵器の特徴などから考察された近年の研究では、「上石津ミサンザイ古墳（伝履中天皇陵）」「仁徳天皇陵古墳」「田出井山古墳（伝反正天皇陵）」の順に築造されたとしています。

そのため、皇統譜の順と考古学的な築造順は一致せず、このことから、仁徳天皇陵古墳は、考古学的には仁徳天皇に結びつけることは難しく、教科書でも「大仙陵古墳（仁徳天皇陵古墳）」という表記に変わっています。

また、この大仙陵古墳に埋葬されているのは、仁徳天皇ではなく、履中天皇ではないかとする説が有力になりつつあるようですが、確かな発掘調査がされていない以上、決定打に欠けるといったところでしょうか。

07 聖徳太子の業績はどこまでが本当か？

聖徳太子は実在しなかった？

皆さんは聖徳太子というとどんなことを思い出しますか？

冠の色によって位階を表す「冠位十二階」や儒教・仏教の思想を取り入れた「十七条憲法」を制定した人物。遣隋使を派遣して仏教などの大陸文化を日本に導入した人物。あるいは一度に10人が話す言葉を聞き分けたというような超人的な逸話を聞いたことがある人もいるかもしれません。

しかし、本当のところは全くわからないというのが実情です。それは聖徳太子という人物にまつわる、同時代の客観的かつ正確な文字史料が残されていないことに起因します。史料とはすなわち、行政文書などの古文書と同時代の人物が記した日記のことです。日本は世界的に見ても、こうした史料が多数現存していることで知られますが、さすがに聖徳太子が生きていたとされる6世紀後半~7世紀前半の史料は残っていません。

そのため、今日ではその存在を否定する学説すら出現しています。というのは古代史を専門とする歴史学者・大山誠一氏が一貫して、「聖徳太子は実在しない」と主張したのです。

大山氏の研究に基づくと、「聖徳太子」という名前の人物は当時、存在はしなかったが、推古天皇の甥にあたる「厩戸王《うまやど》」という人物は実在した、ということです。『日本書紀』のなかで「厩戸皇子」と記されていますが、推古天皇の時代に「皇子」という言葉が使われていたかどうかは、定かではないのです。

例えば、徳川家康は死後、東照大権現という神として祀られる存在になり、のちの世では「権現さま」と呼ばれていました。しかし、存命当時は「徳川家康」ですから、今日の教科書には「東照大権現」ではなく「徳川家康」と表記してあります。いわば、「聖徳太子」と表記してしまうのは、家康のことを「東照大権現」と呼んでいることと同じことなのです。そのため今日の教科書では「厩戸王（聖徳太子）」という表記が使用されています。

十七条の憲法は聖徳太子の作ではない？

聖徳太子の事績についても今日では、大幅な変更が加えられています。

聖徳太子が作ったとされる「十七条の憲法」については『日本書紀』に記載がありますが、この部分の記述自体が偽作だという疑問が呈されています。聖徳太子の死後、約100年に『日本書紀』を編纂する段となって、こうした記述が創作されたのだろうと考えられています。

また、「冠位十二階」については、聖徳太子の業績であるとする記述自体、存在しません。そもそもこの制度は取り立てて特別な制度というわけではありません。

例えば、中国の『三国志』の時代に、魏の陳羣《ちんぐん》が作った官僚の登用の仕方などを定めた「九品官人法」というものが既にあります。いわばその模倣のようなものと言ってもよいでしょう。ある意味、冠に色を付けて、というのも、誰でも考えつきそうなものです。

仏教への信仰が厚く、経典の注釈書である『三経義疏《さんぎょうぎし》』を著したと伝わりますが、これも実際は隋からの輸入品であり、聖徳太子の手によるものではないという説が有力になりつつあります。

また、遣隋使の派遣についても聖徳太子の功績であるという確証はありません。というのも、天才的な超人としての聖徳太子像からは、推古朝の政治をリードしていたのは聖徳太子だという印象が強くなりますが、実際には、蘇我馬子をはじめとする蘇我氏の発言力が極めて強かったとされています。また、推古天皇自身の政治的な手腕についても再評価する機運も高まっています。

必ずしも「聖徳太子」というひとりの「パーフェクト・ヒューマン」が実権を握り、何もかも決めていたというわけではなさそうです。

遣隋使では、隋の煬帝《ようだい》に「日出づる処の天子、書を日没する処の天子に致す」という国書を送ったことがよく知られています。しかし、「天子」という言葉自体、聖徳太子の時代のものではなく、後世に使われた言葉です。これも偽作なのではないかという疑惑がありますが、仮に本当だったとすると、いささか誇大妄想が過ぎる内容と言えるでしょう。当時の隋と日本の国力は雲泥《うんでい》の差と言っても過言ではありません。それを、あたかも同格のように書いているわけですから、まともとは言えないと思います。

そうなると、聖徳太子という素晴らしい政治家がいたのならば、隋の煬帝に宛てこのような国書を送るということはありえないのではないでしょうか。

1万円札の肖像は聖徳太子ではなかった?

さらには、かつての1万円札にも使われ、聖徳太子のものとされていた肖像についても疑問が呈されています。唐風の衣冠を着け、左右に髪を角髪《みずら》に結った2人の童子が描かれた肖像は、1930(昭和5)年以降、7回にわたって紙幣に採用されてきました。

過去の教科書にも、この肖像は聖徳太子の肖像として掲載されていましたが、そもそもいつ描かれたものなのかも明らかにされておらず、8世紀頃の製作だと伝

聖徳太子の肖像として伝わる「唐本御影」の復刻版木版画（提供：アフロ）。

川原寺跡の様子。現在は跡地に真言宗の弘福寺(写真奥)がある。

わるのみで、確たる証拠はありません。1878(明治11)年に、法隆寺から皇室に献納され、現在は「御物　聖徳太子二王子像」「唐本御影」と呼ばれ、宮内庁侍従職により管理・保管されています。平安時代後期には、大江親通《ちかみち》が「太子俗形御影一鋪。件《くだん》の御影は唐人の筆跡なり。不可思議なり。よくよく拝見すべし」(『七大寺巡礼私記』)と記しており、古くから疑問視されていたことがわかります。

近年では、1982(昭和57)年、当時の東京大学史料編纂所所長だった今枝愛真氏が、やはりこの肖像に疑問を呈しました。今枝氏は、太子像の装幀の絹地に「川原寺」

という文字があることに気づき、奈良県高市郡明日香村の川原寺《かわらでら》から法隆寺に移されたものという説を主張しました。

明日香村の川原寺は、天智天皇が母の斉明天皇の旧川原宮に創建した寺で、藤原京の時代には、四大寺のひとつに数えられるほどでした。聖徳太子が亡くなったとされる622年から半世紀後の建立であり、年代のずれからこの肖像は聖徳太子とは断定できないとしています。

実際に、この肖像のなかで身につけている唐風の衣冠は、聖徳太子の時代のものではないということも判明しており、近年の教科書では、この画像を掲載する際に「伝聖徳太子像」とキャプションをふるのが多くなっています。

08 蘇我入鹿が殺されたのは、乙巳の変？

大化の改新から乙巳の変へ

厩戸王（聖徳太子）の死後、蘇我氏の権勢はますます強まり、蘇我入鹿《いるか》は厩戸王の子・山背大兄王《やましろのおおえのおう》を滅ぼして、権力集中を企てました。しかし、天皇家をないがしろにする蘇我蝦夷《えみし》・入鹿の親子に対し、中大兄皇子《なかのおおえのおうじ》（のちの天智天皇）は中臣鎌足《なかとみのかまたり》（のちの藤原鎌足）らの協力を得て対抗。蘇我氏を滅ぼします。この出来事を「大化の改新」と呼ぶと習った人も多いのではないでしょうか。

その後、中大兄皇子と中臣鎌足を後ろ盾として、新たに即位した孝徳天皇が、宮を飛鳥から難波宮へと遷《うつ》し、日本最初の元号である「大化」を定め、６４６（大化２）年正月に「改新の詔」を発布しました。

地方行政組織である「評《こおり》」を全国各地に設置し、中央の官制も整備して、天皇を中心とする中央集権化が図られました。

「大化の改新」とは正確に言えば、こうした孝徳天皇時代の一連の改革のことを指しています。

中大兄皇子と中臣鎌足らが蘇我蝦夷・入鹿を討ったクーデターそのものは、「乙《いっ》巳《し》の変」と呼びます。

大化の改新は「線」、乙巳の変は「点」

実際に現在の教科書には、次のように書かれています。

「中大兄皇子は、蘇我倉山田石川麻呂や中臣鎌足の協力を得て、王族中心の中央集権をめざし、645（大化元）年に蘇我蝦夷・入鹿を滅した（乙巳の変）。（中略）646（大化2）年正月には、『改新の詔』が出され、（中略）王権や中大兄皇子の権力が急速に拡大する中で、中央集権化が進められた。こうした孝徳天皇時代の諸改革は、大化改新といわれる」（山川出版社『詳説日本史B　改訂版』）

今日の教科書では、蘇我蝦夷・入鹿を滅ぼした事件は明確に「乙巳の変」と記されており、大化の改新（教科書の表記は「大化改新」）は一連の改革を指しています。いわば、大化の改新は「線」であり、乙巳の変はそのなかの「点」というわけです。乙巳の変はあくまでも蘇我氏を滅ぼしたクーデターであり、大化の改新は乙巳の変を発端として、蘇我氏を排したのちに、行われた一連の改革を指します。起きた出来事を精緻に捉えようという意図が汲み取れると思います。

09 天皇という称号を最初に使った人物

天皇という称号はいつから始まったのか？

先に古代においては天皇という称号は使われておらず、大王だったと述べました。それでは、いつから天皇という称号が使われるようになったのでしょうか。

戦前の皇国史観が中心の時代には、初代天皇である神武天皇からずっと天皇という称号が付けられていました。戦後になって実証的な研究が中心になってくると、この称号が用いられたのは、少なくとも7世紀のはじめ、厩戸王（聖徳太子）が仕えた推古天皇（第33代）の頃とするのが通説になりました。

天皇の代数の数え方は、『皇統譜』によりますが、神武天皇を初代とし、令和の今上天皇で第126代を数えます。先にも紹介した通り、皇国史観が強かった戦前・

戦中には、『古事記』や『日本書紀』の記述は歴史的な事実とされてきました。

神武天皇は『日本書紀』に登場する天皇ですが、その存在は実証されていません。唯物史観的な見方になった戦後の歴史学では、伝説上の人物と考えるのが一般的です。

近年の研究では、推古天皇が最初に天皇という称号を用いた根拠とされる仏像や工芸品の銘文は、さらに時代が下った7世紀後半に記されたと考えられるようになりました。そのため、現在では天皇という称号を最初に使ったのは天武天皇（第40代）だとする説が有力になっています。

天武天皇とは、天智天皇の子・大友皇子と皇位継承を争った人物で、天智天皇の弟にあたります。即位前は大海人《おおあま》皇子と呼ばれていました。この皇位継承争いが、有名な壬申《じんしん》の乱です。この乱で大友皇子に勝利した大海人皇子は、翌年の673年に飛鳥浄御原宮《あすかきよみはらのみや》で即位し、天武天皇となります。現在の教科書でも、「それまでの大王にかわって「天皇」という称号が用いられるのも、この頃のこととされる」と注釈がふられています（山川出版社『詳説日本史B　改訂版』）。

1260年に一度、大革命が起きる年

他方で、推古天皇の時代を重視する歴史観には、那珂通世《なかみちよ》が唱えた、讖緯説《しんいせつ》に基づくものがあります。讖緯説は後漢の鄭玄《ていげん》という大学者が唱えた暦に関する説なのですが、那珂通世はそれを日本の歴史にも当てはめて考えてみたのです。それは、日本の始まりはいつかということに関わるものでした。

先述したように、日本の場合、年号ができたのは「大化」からだとされます。それ以前には年号で数える暦はありませんでした。

古代の人たちが使っていたのは、子《ね》から亥《い》までの十二支、そして甲乙丙丁から始まる十干でした。この十二支と十干を組みわせて、暦を数えていたのです。12×10÷2＝60ですからちょうど60年がひとつの暦となります。この60年がひと回りして、はじめの暦に戻ることを還暦と呼び、今でも60歳になると赤いちゃんちゃんこを着てお祝いをします。二度目の赤ちゃん、ということでしょうか。

大化の改新の発端となった中大兄皇子らのクーデターは「乙巳の変」と呼ぶと先

ほども述べましたが、この「乙巳」とは、十二支と十干からきています。十二支の巳と、十干の乙が組み合わさった年です。

讖緯説では、この暦に基づいて、60年に一度、革命が起こる年があると考えます。革命というのは天の命が改まることをいいますが、それは「辛酉」の年なのだそうです。辛酉とは、「かのととり」と読みますが、天命が改まるというのは、中国では具体的には王朝が代わるなどの大きな政変が起こることを意味しています。

さらにこの辛酉は、21回暦が回ってくることで、より大きなものになります。すなわち21回分暦が回ってきた辛酉の年には大革命が起こるというのです。60年で1回暦が回ることになりますから、60×21＝1260年ごとに大革命が起こることになります。

それでは、日本で大革命が起きた辛酉の年とはいったいいつなのか。それを那珂通世は考えました。中国では王朝が代わることが大革命にあたるのでしょうけれども、日本の場合はなんだろうか。そこで那珂通世は、聖徳太子の時代に目をつけます。ちょうど601年が辛酉にあたるのです。明治時代には聖徳太子の評価は高く、聖徳太子が日本の基礎を作ったと考えられていました。それが大革命の年にあたると考えたわけです。

次に那珂通世が考えたのは、601年のさらに1260年前にも辛酉の年があり、そのときに大革命があったはずということです。このように聖徳太子時代の1260年前、すなわち紀元前660年頃に何が起きたかを推理し始めると、そこで思い当たったのが、日本という国の始まりでした。すなわち、初代天皇である神武天皇が即位した年である、と考えたのです。

先にも述べた通り、皇国史観的な歴史観から脱した戦後の教育を受けた私たちにとっては、神武天皇の存在自体が神話とされていますから、実際に即位した年などわかるはずがありません。ましてや、60年に1回革命が起きることや1260年に1回大革命が起きるなんてことを実証的に証拠づけることも厳しいでしょう。

皇国史観によるならば、天武天皇が即位した年から数える暦を皇紀と呼びます。皇紀によれば、太平洋戦争直前の1941(昭和16)年は皇紀2600年にあたります。

神武天皇の東征を描いた安達吟光「八咫烏に導かれる神武天皇」
（提供：akg-images/アフロ）。

当時は国を挙げてのお祭り状態となり、これを祝うためにドイツの作曲家リヒャルト・シュトラウスに管弦楽曲の作曲依頼までしました。

推古天皇から天武天皇へ

那珂通世の讖緯説にみられるように、明治時代には聖徳太子の評価は非常に高く、かつこの時代に日本の国の基礎が固まったと考えるのが一般的だったと言えます。それを補完するのが、この讖緯説にみられる暦だったわけです。

推古天皇が最初に天皇の称号を用いたとする説は、こうした風潮からの影響もあったのかもしれません。

ところが、今日の研究ではむしろ西暦700年以降、つまり聖徳太子の時代から100年後のほうが、日本という国にとってエポックメイキングだったことがわかっています。

例えば、701（大宝元）年には、刑部《おさかべ》親王や藤原不比等らによって大宝律令が作られ、律令制度が整えられました。また全国を畿内・七道に区分けし、国・郡・

里がおかれるなど地方行政の改革が行われました。日本という国名が使われるようになったのもこの頃と考えられています。さらに、国史編纂事業として神話や歴史の編纂が進み、712年には『古事記』が、720年には『日本書紀』が完成しています。

また、700年以前になりますが、聖徳太子の死後に起こった大化の改新では、薄葬令というものが発布され、古墳のあり方が変わっていきます。以降、前方後円墳のような大掛かりな天皇陵は作らずにもっと簡素な墓にしたのです。これにより古墳の時代は終わりを告げることとなります。

そして、700年近く、673~686年の在位で、天皇という称号を最初に使ったとされる人物となったのが、先にも挙げた天武天皇だったのです。

すなわち、聖徳太子の時代ではなく、それよりも100年くらい下った、西暦700年前後に、日本という国の基礎が固まったのではないか、というのが現在の定説と言えるでしょう。

10 平城京よりも大きかった藤原京

3代の天皇の都「藤原京」

先の項目で、日本という国にとってのエポックメイキングは聖徳太子の時代というよりは、その100年後にあたる西暦700年前後だと解説しました。これは、都の在り方についても言えます。

それまでの都は天皇が亡くなるたびに遷都、すなわち都を変えていました。ところが、この遷都のあり方が、やはり700年前後に大きく変わります。天武天皇が進めた改革を引き継いだ持統天皇は、都を694年に飛鳥から藤原京に遷します。この藤原京はそれまでの1代ごとの大王宮とは異なり、3代の天皇の都となったことで画期的だったと言えるでしょう。

空から見た藤原京跡（提供：共同通信）。

中国の都城に影響を受け、都城制にならって造営された藤原京は、日本では初めて「条坊制」を採用したとされる都です。東西を貫く道を条、南北を貫く道を坊と呼び、碁盤の目状に区画されています。

日本では古代以降の都作りで参考にされるのは平城京の碁盤の目状に区画した条里制ですが、この碁盤の目構造は、平城京の以前に造られたこの藤原京にいち早く採用されています。

平城京や平安京は碁盤の目の北側に内裏が設けられており、これを真似たのが鎌倉幕府の時代の鎌倉でした。そこでは、内裏の代わりに鶴岡八幡宮が置かれています。しかし、藤原京の場合、内裏となる藤原宮は北側ではなく中心に置かれているのが特徴です。

新発見で藤原京の大きさは4倍に？

この藤原京については、かつての教科書だと畝傍《うねび》山、天香具《あまのかぐ》山、耳成《みみなし》山といった大和三山に囲まれた都である、というようにその地を解説することが当たり前だっ

藤原宮発掘の様子（提供：共同通信）。

たそうです。これは、古代史研究者の岸俊男氏が再現した藤原京の都市構造説によるところが大きいと考えられます。

岸氏の説によれば、東西2キロメートル、南北3キロメートルが藤原京の範囲とされており、これは大和三山に囲まれた平地に収まる広さです。岸氏は『万葉集』に詠まれた歌を分析し、藤原京と大和三山の位置関係をイメージする歌があることから、自説の裏付けに用いていました。

そもそも藤原京の条坊制は、先述した通り、都城制にならったとされます。この条坊制については、中国の儒教の経典『周《しゅ》礼《らい》』に詳しく記されています。これによると、一辺が4・5キロメートルの正方形の土地に、東西南北を結ぶ街路をそれぞれ9本ずつ交差させて、天子の宮は中央に配置すべしとあります。

先述したように、確かに藤原京の宮は都の中心に位置しています。しかし、大きさからすると岸説による藤原京の範囲ではやや小さいように思えます。

実際に1996(平成8)年の調査により、橿原市の遺跡で交差点跡が発見され、ここが藤原京の西端、つまり西京極にあたることが判明しました。同年、桜井市の遺跡から東京極を南北に通る大路跡が見つかりました。これらの発見により、藤原京の東西は約5・3キロメートルであると推定されたのです。新発見に基づいて新たに復元を試みたところ、南北は約4・8キロメートルになることがわかりました。

結果、藤原京は、岸説のおよそ4倍の面積で、むしろ大和三山をすっぽりとおおってしまうほどの巨大な都だったことが判明したのです。それは平城京をもしのぐ大きさでした。

現在の教科書には、藤原京の条坊復元図が掲載されていますが、そのキャプションも次のようになっています。

「藤原京は、中央の藤原宮を中心に約5・3ｋｍ四方の規模をもち、そこに有力な王族や豪族たちを住まわせた」（山川出版社『詳説日本史Ｂ　改訂版』）

わずか16年で遷都された藤原京の謎

また、藤原京は持統、文武、元明と三代の天皇が居住した初めての都だったと述べましたが、実は都として使われた期間は短く、わずか16年でした。従来、使用期間が短かったのは、律令制度の発展により都が手狭になったからとされてきました。新たな発掘によって、その範囲は『周礼』の記述を参考にしたと考えられ、同時に都が使われなくなったのも、手狭になったからではないようです。

とはいえ、藤原京が廃棄された理由は、いまだに諸説分かれています。そのうちのひとつに、地形による衛生状態の悪化を原因とする説があります。『続日本紀』には、「京城内外、多有穢臭」と書かれており、藤原京が不衛生な状態にあったことが窺えます。何らかの疫病の流行が、遷都の理由となったのかもしれません。

疫病といえば、この時代に律令制度の確立に尽力した藤原不比等とその息子たちについても触れておきましょう。藤原不比等は、娘を文武天皇やその皇太子であるのちの聖武天皇に嫁がせるなどして、天皇家と密接な関係を築きました。これはのちの時代に、藤原家による摂関政治のかたちに結実しますが、これについては後述したいと思います。

不比等の死後、皇族の長屋王が政治の実権を握りましたが、不比等の息子たち、いわゆる藤原4兄弟と呼ばれる武智麻呂《むちまろ》、房前《ふささき》、宇合《うまかい》、麻呂はこの長屋王を自殺に追い込み、聖武天皇に嫁いだ不比等の娘・光明子を皇后に立たせています。しかし、737(天平9)年に流行した天然痘によって、藤原4兄弟は相次いで亡くなってしまうのです。すでに藤原京から平城京に遷都されて以降の話ですが、疫病と日本の歴史は密接に関わっていたと言えるでしょう(詳しくは井沢元彦先生との共著『疫病の日本史』[宝島社新書]を参照してください)。

11 日本最古の鋳造貨幣は和同開弥じゃない？

日本最古の銅銭は富本銭か？

日本で最初に鋳造された貨幣というと、皆さんは「和同開弥《かいちん》」と習ったのではないでしょうか。しかし、現在の教科書では、この和同開弥に加えて、「富本銭《ふほんせん》」という銭貨が最初に登場しています。

例えば、天武天皇の治政、事績に触れた項目では、「国家体制の充実をはかり、銭貨（富本銭）の鋳造をおこない」とあり、その後、「708（和銅元）年、武蔵国から銅が献上されると、政府は年号を和銅に改め、7世紀の天武天皇時代の富本銭に続けて、唐にならい和同開弥を鋳造した」とあります（山川出版社『詳説日本史B改訂版』）。

それでは富本銭は日本最古の鋳造貨幣と言ってしまってよいのでしょうか。本項目では日本の鋳造貨幣について、見ていきたいと思います。

教科書で説明されている通り、708年正月に、武蔵国秩父郡で自然銅が発見され、藤原京の元明天皇に献上されました。この銅は精錬を必要としないほどに純度が高く、「にきあかがね」とも呼ばれ、同年の5月に銀銭、8月に銅銭が発行されました。これが、唐の銀貨「開元通宝」にならい、律令国家によって鋳造、流通させようとした銭貨「和同開珎」になります。

和同開珎の発行から50年後に改鋳された万年通宝は、1枚で和銅10枚の価値と定められました。新しい銭貨が発行されるたびに古い銭貨の価値は落ち続け、958年に発行された乾元大宝に至ってはほとんど鉛で鋳造されていたそうです。その後、価値の下落には歯止めがかからず、貨幣が本格的に商取引に使われるようになるのは、12世紀後半に宋銭が大量に流入するのを待たなければなりませんでした。

この和同開珎から乾元大宝に至るまで、250年の間に12種類の銅銭が鋳造され、これらを総称して皇朝十二銭と呼びます。

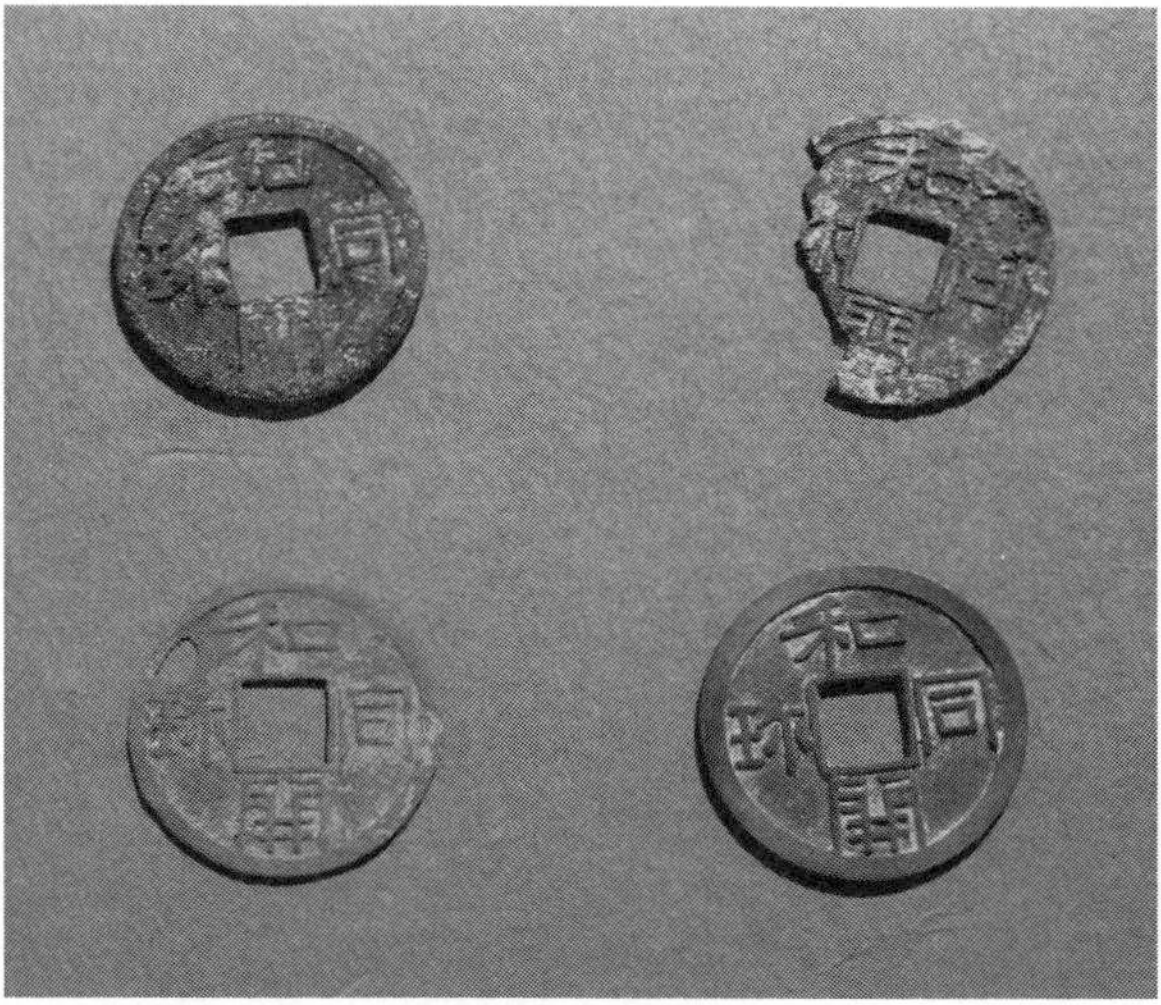

薬師寺東塔から出土した「和同開珎」(提供：共同通信)。

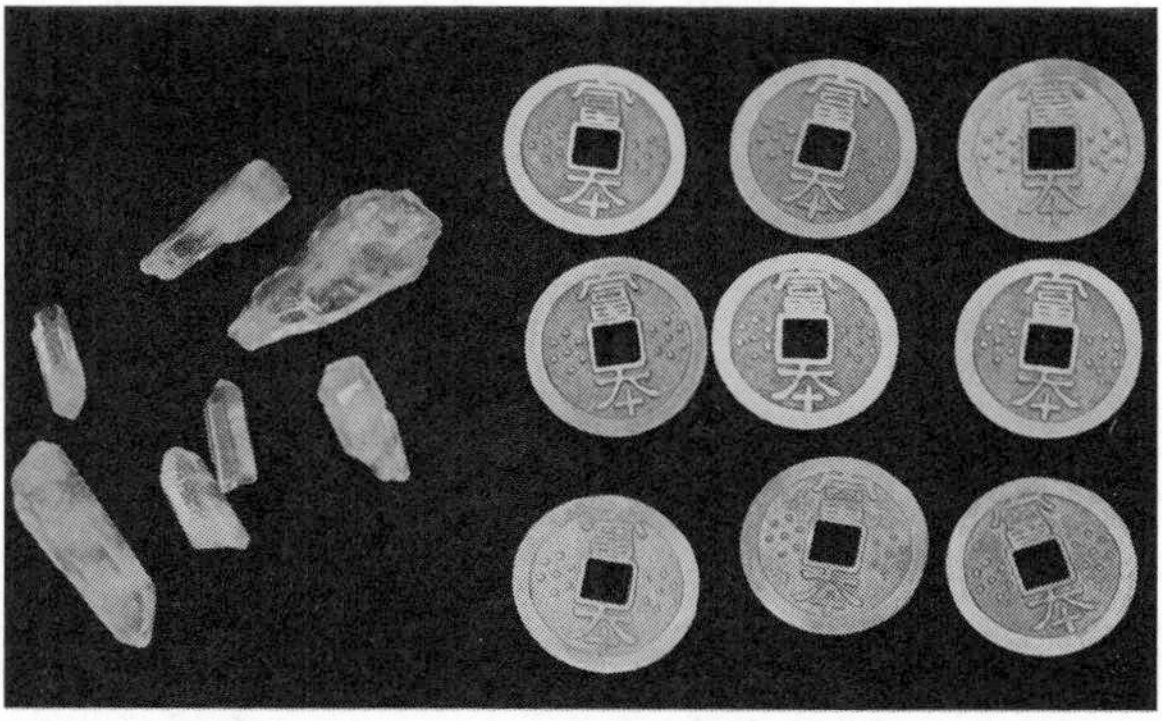

藤原宮跡で見つかったつぼに入っていたとみられる富本銭と水晶の見本(提供：共同通信)。

これまでこの皇朝十二銭のうち、和同開珎が日本で最初に鋳造された銭貨とされていました。

しかし、1998（平成10）年、飛鳥池遺跡の発掘調査により、富本銭の工房が発見されたのです。富本銭はすでに85年に平城京右京八条一坊の調査で、古井戸のなかから発見されていました。藤原京跡からも発見されていましたが、見つかった富本銭はほんのわずかで、その数の少なさから実際には流通せずに、お守りやまじないに使用された「厭勝銭《ようしょうせん》」の類だと考えられていました。

しかし、飛鳥池遺跡の工房からは合わせて33枚もの富本銭が見つかり、鋳造のための道具も一緒に出土したのです。このため発見の翌年の1月から、マスコミ各社がこの歴史的発見を大々的に報じました。

富本銭は、700年には完成していた飛鳥寺東南院の瓦を焼いた地層よりも下の地層から発見されていることから、和同開珎よりも古い鋳造銅銭であることは確かです。また発掘された遺跡は、政府の工房の役割を果たしていたと考えられることから、私的な鋳造ではないことも明らかになりました。

貨幣経済が導入されるのは平安時代末から

とはいえ、これで富本銭が貨幣として流通していたかどうかはいまだに論争を呼んでいます。つまり、流通貨幣である説と厭勝銭であるという説です。

和同開珎以前、日本では貨幣として流通していたのは、布や稲穂の束でした。しかし布は分けるに難しく、稲穂は持ち運びに不便で長持ちもしません。そのため貨幣としては流通しづらいのです。これに代わって注目されたのが、銀でした。

『日本書紀』には、「これからは銅銭を用い、銀銭は用いるな」という天武天皇の詔が記されています。これによって流通が禁じられた銀銭は「無文銀銭」と呼ばれるものです。668（天智7）年創建の滋賀県崇福寺塔跡の舎利容器内からは、この無文銀銭が12枚見つかっています。

つまり、富本銭の発見によって、天武天皇が無文銀銭の代わりに流通させようとしていた銅銭は富本銭だったことが類推されるのです。

貨幣は流通して初めて貨幣として意味を持ち、価値が付与されます。しかし、実は和同開珎も含めた皇朝十二銭自体もそこまで大きく流通した貨幣ではなかったようなのです。そのため、富本銭が「貨幣」であると言ってよいかどうかは、かなり微妙な問題と言えるかもしれません。

やはり本当の意味で銅銭が貨幣として流通するようになったのは、先述した通り、平安時代の終わりから鎌倉時代にかけて、中国から宋銭が大量に流入してきたことがきっかけだったと言えるでしょう。こうして初めて日本列島に貨幣経済が根付いたのです。

12 摂関政治は不安定な政治体制だった!?

藤原氏の独裁政治が確立

先述したように、藤原氏は、藤原不比等の時代から天皇に自分の娘を嫁がせ、天皇家との関係を深め、権力の集中をはかりました。しかし、不比等の息子たち、いわゆる藤原4兄弟が天然痘によって相次いで亡くなり、藤原氏の勢力は一時後退することとなります。

紆余曲折を経て、9世紀半ばまでは桓武天皇や嵯峨天皇が、貴族らを抑えて権力を手中に収め、国政を動かしていました。

ところが、この間に藤原氏は再び、天皇家との結びつきを深めて、次第に勢力を伸ばしていったのです。

京都・平安神宮の縮小復元された応天門の様子。

藤原氏のうち、北家の藤原冬嗣は嵯峨天皇の信任が厚く、秘書官長である蔵人頭《くろうどのとう》となり、天皇家との姻戚関係を結んでいます。その息子である藤原良房は、娘の明子を文徳天皇に嫁がせました。そして、858（天安2）年に幼少の清和天皇を即位させます。天皇の外祖父である良房は、幼い天皇の代わりに政治を行う摂政に就きました。臣下から摂政になったのはこの藤原良房が初めてでした。

こうして強大な権力の座についた良房は、866（貞観8）年の応天門の変によって、ライバルであった有力貴族の伴（大伴）氏や紀氏を没落に追い込みました。

月岡芳年「在原業平と二条后(藤原高子)」。

菊池容斎『前賢故実』より、藤原道長の肖像。

良房の養子であり、その地位を継いだ藤原基経は、884（元慶8）年に日本で最初の関白となります。律令には定められてはいない役職であり、成人した天皇の政務を補佐する立場で、天皇に奏上される文書を事前に確認するなど、介入する権限が与えられていました。摂政・関白の役職は、以降、藤原氏が独占する役職となります。

そのための手段となったのが、先ほども述べた通り、娘を天皇に嫁がせて、自らが天皇の外戚となることで、天皇家における影響力を高めるという方策でした。

こうした藤原氏の影響力が強くなり、摂政・関白による政治が行われたことを摂関政治と呼びます。読者の皆さんのなかにも、日本史の授業で習って覚えているという人は多いのではないでしょうか。

実は不安定だった藤原氏の政治

ただ、この摂関政治自体は、娘が生まれないことには成り立ちません。娘が生まれて、その娘が天皇の嫁になることで、自らが摂政や関白の役職について権勢を振るうことができるわけです。

つまり、自分に娘が生まれるという半ば偶然に左右された政治のあり方なのです。

関白となった藤原基経の妹に高子という女性がいます。彼女は在原業平との駆け落ちをするなどのラブ・ロマンスでも知られています。その藤原高子は、清和源氏の祖先にあたる清和天皇に嫁ぎましたが、年齢的には天皇よりもかなり年上だったはずです。本来であれば、当時の結婚の適齢とは言い難いわけです。

要するに、藤原氏は権力の座に就くためにはなりふり構わないような状態だったと言えるでしょう。とにかく天皇に、自分の娘を嫁がせなければいけません。そして、娘が産んだ皇子を次の天皇に据える必要があります。逆に言えば、年頃の娘がいないとアウトということになります。

その後、藤原道長とその息子の頼通の代に藤原氏の摂関政治は最盛期を迎え、道長が「この世をばわが世とぞ思ふ」という有名な歌を詠むほどにこの世の栄華を極めますが、頼通の代の後半になると、白河上皇による院政が台頭してきて、摂関政治は事実上、終焉を迎えてしまいます。

頂点からすぐに終焉。あまりに急ですよね。
その意味では藤原氏による摂関政治というのは、非常に不安定な政治体制だった
と言えるでしょう。

第2章 中世編

教科書はいかに作られるか

歴史と物語

私も何度か教科書の制作に関わったことがあります。私は少なからず、現行の教科書に不満を持っていました。歴史的事実には原因と結果があるはずですが、そうした因果の関係を無視して、事実ばかりを羅列する傾向にあったのです。

そこで、私は教科書にある種の「物語性」を導入することにしました。

しかし、歴史学にとってこの「物語性」というのもまた厄介な難題です。史料には当時の人間が記した日記や書状、行政文書などと、後世になって編纂・制作された軍記物があります。後者の軍記物はいわば「物語」です。史実を題材にしていますが、作者による想像も織り交ぜて、読み物として面白くしています。そうなると、物語は果たして歴史になるのか、という疑問が出てきます。

国学の発生から実証的な歴史学の誕生へ

日本史学の歴史を少し説明しますと、まずは江戸時代に「日本の歴史」をきちんと学問しなければならないという機運が高まりました。そこには国学の影響があったと思います。平安時代の昔から伝統的に「歴史」といった場合、日本ではなく中国の歴史を指していました。ですから江戸時代の知識人たちは、中国の歴史書をよく読んでいた。織田信長ら戦国武将たちも幼い頃から、『孫子』や『韓非子』などに親しんでいたようです。

そこに江戸時代に入って、国学が成立するようになると、本居宣長ら国学者によって日本神話などが復元されていきます。そうなると中国の歴史だけではなく、日本の歴史を知らなければならないということになり、関心が高まっていったのです。その際に当時の知識人たちが好んで参照していたのは、『平家物語』や『太平記』のような軍記物でした。それらを読んで「歴史」としたのです。

その後、明治時代を迎える頃になると、西洋の学問の影響によってそれまでの物語中心の日本史を新しく構築し直す機運が高まりました。西洋の科学的な歴史学は、実証性を重んじていました。日本史も実証的でなければならないとなったのです。

そうなると、これまで歴史として学んできた『平家物語』『太平記』などの軍記物は、ただの「物語」であって「歴史」ではないとされました。正確に歴史を知るためには古文書や当時の日記などの古記録にあたるべきだとされ、もっと客観的な史料に基づいて歴史を構築することが推奨されたのです。

他方で、『平家物語』や『太平記』は長らく日本人に愛されてきた書物ですから、それを捨ててしまうのはもったいないと考える人たちもいましたが、結局、実証的な歴史学が勝り、その後も紆余曲折を経て、今日まで日本史学は客観性を重んじる学問として続いてきました。

教科書もまた、そのような客観性に基づきますし、学問としてはそれは非常に大切なことです。しかし、読み物としては無味乾燥な文体で、あまり面白くない。ですからある程度の物語性も重視していいのではないかとも私は思っています。

教科書は暗記すべきもの？

「物語性の導入」と言ったからといって、本当に客観性を無視して教科書を作るというのももちろん、まずいと思います。私としては、基本的には客観的な事実に基づきながら、なるべく教科書の叙述を工夫し、原因があったら結果がある、その因果が継起していくさまを読めるような教科書が理想的です。ですから、自分が教科書を作る立場になったときに、微力ながらそんな教科書を実現してみようと思いました。

教科書は大学に所属する研究者が執筆を担当します。古代、中世、近世、近現代とそれぞれの時代の専門家が集まり、分担して執筆していきます。また執筆者と同じくらいの人数の高校教諭が加わり、検討会を開きます。要は、大学の先生たちが書いたものを、高校の先生たちに読んでもらうわけです。やはり教科書は大切なものですから、この場で重箱の隅をつつくような細かな議論を尽くし、正確を期して精緻な文章に練り上げて、最終的に文部科学省に提出し審査してもらいます。

その際、私はなるべく物語を意識するような叙述のスタイルで書いたつもりでした。ところが、高校の先生方の反応は「これは使えません」というものでした。理由を聞くと、「本郷先生が書いたものはとても面白いし、出来事の事情もよくわかるようになっている。だけど、これでは無駄が多すぎる」と言われました。

無駄が多すぎる、というのは、どうやらこういう事情のようです。「高校では授業で教科書に書いてあることは原則、覚えろという教育を行っている。そうすると教科書に無駄があってはならない」ということです。つまり、暗記に向かないということなんですね。

その話を聞いて私は教科書を作る熱意が急速に萎《しぼ》んでいくのを感じました。高校の歴史教科書とは暗記するものという不文律があったのです。この件に関しては、とても根の深い問題なので、歴史教育を考えるというような、別の本にまとめたいと思っています。

13 中世の始まりはいつ?

荘園公領制と院政の始まり

古代編に続いて、第2章では中世の歴史について扱いたいと思います。そもそも、中世の始まりはいつか、ということなのですが、基本的には政治に関連して時代区分を決めていると言えるでしょう。

例えば、近世は幕藩体制の始まりをひとつの区切りと考えています。それでは、中世の始まりはというと、かつての教科書では源頼朝が鎌倉幕府を開いたところからとするのが一般的でした。この区切り方は大変わかりやすいもので、日本史にはじめて触れた子どもの頃でもすぐに覚えられると思います。

しかし、この区切りの目安となる出来事が別のものになると、当然、中世の始まりはより早まったり、あるいはもっと時代が下ったりすることとなります。これは、第1章で述べた縄文時代の終わりと弥生時代の始まりを稲作の有無で考えるかどうか、という問題とも関連しています。

何をもって中世と考えるかは、より具体的なところでは、現在は土地所有に関する制度に基づいて、中世の始まりを考えています。すなわち荘園制の始まりが、中世の始まりというわけです。

日本各地に荘園ができた頃、問題となるのは荘園ではない土地の存在です。それは国衙領《こくがりょう》と呼ばれる公領で、国衙とはいまで言うところの県庁のようなものです。国衙領とは県庁が管理している土地を指します。

当時の後三条天皇は、荘園の増加がこの公領である国衙領を圧迫しているとして、1069(延久元)年に、延久の荘園整理令を発布しました。国衙には今日の県知事にあたる国司がいますが、この荘園整理によって、国司が管理する国衙領と、貴族や寺社が支配する荘園は明確に分けられました。

しかし、仕組みとしては、国衙領も、ほとんど「国司が管理する荘園」のような

『天子摂関御影』より、後白河院の肖像(三の丸尚蔵館蔵)。

ものでした。国司の下には在庁官人や、郡司・郷司・保司《ほうし》といった役職を設けて、その土地の有力豪族や開発領主にその任にあたらせました。彼らは、公領をあたかも自らの領地のように管理し、荘園領主に寄進するなどしていました。

荘園の所有の一番の大元は本所ですが、公領の大元は誰かというとこれが上皇に当たります。実は荘園を実効支配している本所の行き着く先は上皇であることが多いため、荘園と公領の「大ボス」は上皇で一緒になってしまうのです。

このように荘園と公領が質的に同一のものとなって構成される体制を、荘園公領制と呼びます。

この荘園公領制は、上皇（院）による政治、すなわち院政の開始と軌を一にしています。荘園公領制を整備した後三条天皇の子である白河天皇は、父にならってしばらくは親政を行いましたが、1086（応徳3）年にまだ幼い堀河天皇を即位させ、自らは上皇となりました。院庁を開き、天皇の後見として政治の実権を握る院政を敷いたのです。

その後、この院政は、白河上皇、鳥羽上皇、後白河上皇と100年余りも続くこととなります。

唯物史観が強い戦後の歴史認識

このように政治の面では院政が、経済的な面では荘園公領制が始まった時代、これを中世の始まりとするのが、近年の一般的な考え方です。とりわけ、荘園公領制は、院政が終わったのちも、鎌倉時代や室町時代にまで続いていきます。つまり、中世を通じて、荘園公領制は存続しており、中世を特色づける制度であることから、やはり中世の始まりとは荘園公領制が始まった時代とされます。

しかし、本項目の冒頭でも述べた通り、鎌倉幕府の始まりから中世とする区分けの方のほうがわかりやすいと言えばわかりやすいのです。つまり、中世とは武士の時代、ということです。荘園公領制のような土地制度の始まりをもって中世とするのは、やや煩雑と言えるでしょう。

そもそも、この「中世」という概念自体、明治時代の歴史学者・原勝郎が、ヨーロッパのmedievalの訳語として作ったものです。いわば借り物の概念ですから、ある意味、流動的なものだとも言えます。

また、もう少しうがった見方をすると、荘園公領制とはいわばひとつの生産構造ですが、戦後、非常に有力な考え方となった唯物史観というのは、生産構造を重要視します。生産構造という下部構造があったうえで、上部構造として幕府や朝廷などがある、と唯物史観では考えます。

つまり、中世を語るうえで荘園公領制を重視するというのは、多分に唯物史観のものの見方の影響があるのではないかと思います。

もちろん、それは重要な視点には違いありませんが、すでにベルリンの壁が崩壊し東西冷戦が終結して、マルクス主義的な考え方についても多くの批判がある今日、やや時代遅れな理論だとする向きもあります。

さらに言えば、先ほど荘園公領制は、鎌倉時代、室町時代まで続いたと述べましたが、室町時代に入る頃にはかなり解体されていました。逆に武士による支配は、鎌倉時代、室町時代、戦国時代と時代が下るにつれて、どんどん力を持っていきます。その意味でごくごく簡単に言えば、中世とは武士の時代になるのではないでしょうか。

その武士による軍事政権である鎌倉幕府ができた頃を中世の始まりとするのも、いわれのないことではあるまい、と私は思っています。

14 鎌倉幕府成立は、1192年か1185年か？

鎌倉幕府は「いい箱作ろう」？

もし、中世の始まりは鎌倉幕府の始まりを区切りとして考えるならば、今度はいつ鎌倉幕府が成立したのか、ということが問題になってきます。

第1章の総論でも触れましたが、鎌倉幕府の成立年代は、「いい国作ろう鎌倉幕府」という語呂合わせで覚えた方も多いのではないでしょうか。つまり、1192年に成立したとするものです。

しかし、今日の教科書では、鎌倉幕府の成立は、1185年とも読み取れる形になっています。語呂で言えば「いい箱作ろう鎌倉幕府」というわけです。

そもそも1192年という年は、鎌倉幕府の成立というわけではなく、源頼朝が朝廷から征夷大将軍に任ぜられた年を指しています。のちの時代の足利氏も徳川家も、征夷大将軍に任命され、それぞれ幕府を開いています。

ですから、先ほど中世は武士の時代だというのは、ひとつのわかりやすい理解の仕方なのではないかと思います。

ただ、源頼朝が将軍になったということは、当時の社会情勢を考えるとそこまで大きなことだったかどうかは、やや微妙な問題です。というのも、1185年というのは、源頼朝によって、諸国に守護が置かれ、また全国の荘園に地頭が置かれたことで知られます。荘園には現地で直接管理を担っていた下司という存在がいましたが、この下司が地頭となり、将軍に仕える立場となったのです。

つまり、朝廷は、武士が全国の土地を管理するような役人になることを公認したことになります。これによって東国中心だった源頼朝の支配権は、西国にも及ぶこととなりました。

そうなると、1185年というのは確かにひとつの大きな節目になっていると言えます。

現在の鎌倉・鶴岡八幡宮の様子(提供:共同通信)。

権門体制論と東国国家論

とはいえ、第1章の総論部分でも述べた通り、1185年説を積極的に力説する研究者というのは誰かというと、実はいない。この時代を研究している有力な研究者のなかで、1185年説を主張している人は、探しても出てこないのです。

にもかかわらず、1185年とする説が教科書にも載るようになっており、ある種の定説となっています。鶏が先か、卵が先か、ではありませんが、教科書に載ったら定説となった、とも言えてしまうようなものかもしれません。

要は1185年でも1192年でもどちらでもよいだろうけれども、そのどちらにおいても重要なのは何かというと、何らかの権限を朝廷から認められたということです。それは、1185年の守護や地頭であっても、1192年の征夷大将軍であっても同じことです。武士というものに対して、朝廷がその存在を認めてお墨付きを与えたわけです。

ここには、先の項目で、荘園公領制の始まりを中世の始まりとする考えについて説明したように、天皇をはじめとする朝廷の権力を重視する考え方が色濃いと思われます。

中世の国家をめぐっては、大きく分けて「権門体制論」と「東国国家論」というふたつの説があります。

権門体制論とは、中世にも日本というひとつの大きな国家があり、そのトップは王である天皇で、それを貴族（公家）と武士（武家）と僧侶（寺家）の３つの勢力が支えるというものです。

反対に東国国家論とは、京都の天皇を中心とした朝廷に対して、鎌倉にも将軍を中心とした幕府が存在していたことから、西の天皇は貴族を、東の将軍は武士を束ねて、両者は並び立つ存在だったと考えます。つまり、西国とは別に東にも国家があった、とするのが東国国家論の考え方です。

１１８５年あるいは１１９２年のどちらの場合でも、朝廷が武士にお墨付きを与えて、公認したことを契機としていますから、武士たちよりも朝廷の方が上にあるようなかたちです。つまり、権門体制論の影響が強い歴史観ということになります。

しかし、中世を武士の時代だと考えるならば、武士たちがこれからどんどん世のなかを変えていく時代になります。もちろん、貴族たちも寺社の僧侶・神官たちも、農民たちも無関係ではありませんが、時代の変動の核となるのは、明らかに武士たちです。

そうなると、やはり武士たちが何をしたのか、何を思ったのかが、幕府の成立を考えるときにも重要になるのではないでしょうか。

1180年にも注目

武士が何をしたのか、という点を考えたときに、ひとつの契機となるのは、1185年でも1192年でもなく、私は1180年という年も重要だったと思っています。

この年に、源頼朝を主人と仰ぐ武士たちが南関東一帯を制圧して、鎌倉へと入ってきました。

いわゆる頼朝による政権の始まりです。この時点で、鎌倉には頼朝の軍事政権と

蛭ヶ島公園の源頼朝と北条政子の銅像。

いうものが安定を見、成立したのです。それは他の誰かに認められたものでもない、自分たちが旗揚げしたわけですが、この年をもって鎌倉幕府は産声《うぶごえ》を上げた、と言ってもよいのではないでしょうか。

このように、歴史はさまざまに解釈ができます。だからこそ、日本史の授業でもさまざまに議論してもらいたいのです。1185年にしろ、1192年にしろ、あるいは1180年にしろ、こうしたことをきちんと教科書に明記して、後は高校の先生がたにお任せ。面白い授業をやってもらえたらいいのではないか。そんなふうに私は思っています。

教科書は考えるための道具

ところが問題なのは、鎌倉幕府の成立について、1180年、1185年、1192年のことを全て教科書に掲載するとなると、それだけ長い記述になってしまいます。本章の総論で書いたように、そのような話は、今日の暗記主体の歴史教育の現場では、教科書としては「無駄」とされてしまいます。

とはいえ、日本史の教科書というのは現在でもかなり厚いほうです。私はまだ若い時分に、教科書について恩師である中世史研究者の石井進先生に「どうしてこんなに(山川の)教科書は厚いのでしょうか。必要なことだけ書けばいいのではないでしょうか」と訊ねたことがあります。

そのとき、石井先生は「本郷君、それは詳しいほうがいいじゃないか」とおっしゃいました。

「しかし、そんなに詳しくしても、結局覚えなきゃいけないことがたくさんあって子どもたちは困ってしまいますよ」と私はさらに質問を重ねると、石井先生は「覚えなくたっていいんだよ」とおっしゃいました。

要するに、教科書はあくまでも授業のネタ本として使ってもらえばいいということなのです。つまり、暗記のためではなく、考えるための道具なのです。そのためにはなるべく詳しいほうが、先生たちも授業がやりやすいでしょう。

つまり、本来、教科書は暗記をするためのものではないのです。けれども、現在の高校の日本史教育の現場では、丸暗記しろと言われています。トップ大学を目指す生徒は、本文だけでなく、注釈まで覚えなければならないほどです。しかし、それは、結局はそうした勉強法が有効な受験問題を作る大学側の問題なのだと改めて気づかされました。

15 源頼朝の肖像画が変わった⁉

源頼朝の肖像画は足利直義だった⁉

中世の成立、鎌倉幕府の成立に続いて、源頼朝についても、教科書はいかに変わったか、見ていきましょう。源頼朝といえば、黒い袍《ほう》に冠をつけて、笏《しゃく》を手にした束帯姿の肖像画がよく知られています。かつての教科書にも「源頼朝像」として掲載されていました。

しかし、今日、この源頼朝の肖像は大きく揺れています。

この肖像画は、京都市右京区にある神護寺に伝えられたもので、鎌倉時代に流行した写実的な肖像画「似絵《にせえ》」の名手だった藤原隆信の作品とされています。神護寺にはそのほかに、平重盛と伝わる肖像画と、藤原光能《みつよし》のものと伝わる肖像画が所蔵されており、この3つの肖像画は1951(昭和26)年に国宝の指定を受けました。

これらの肖像画がそれぞれ源頼朝、平重盛、藤原光能とされるのは、14世紀に書写されたとする『神護寺略記』の記述に基づきます。そこには、神護寺の仙洞院には、藤原隆信によって描かれた後白河法皇、平重盛、源頼朝、藤原光能、平業房《たいらのなりふさ》らの画像があると書かれています。この記述を根拠に国宝に指定された3つの肖像画の像主も断定されたのです。

しかし、これら3つの肖像画自体には誰を描いたのかは明記されていません。『神護寺略記』に挙げられた5人のなかで、なぜ源頼朝、平重盛、藤原光能の3人に限定したのか、疑問は残ります。とはいえ、この三者は、後白河法皇に仕えた人物という共通性はあるようです。

これらの像主比定について疑義を唱えたのが、中世絵画史を専門とする美術史学者の米倉迪夫《みちお》氏でした。米倉氏は、源頼朝像とされる肖像の顔の部分の表現が14世紀前半に成立したとされる夢窓疎石《むそうそせき》像に似ていることや、1345(康永4)年4月23日の日付が記された足利直義願文には、足利直義が兄の足利尊氏と自分の画像を神護寺に奉納したとあることに注目しました。

また、藤原光能のものとされる肖像画は、京都等持院にある足利家2代将軍の足利義詮《よしあきら》の木像に酷似しており、このことから源頼朝、平重盛、藤原光能とされる肖像画は、それぞれ足利直義、足利尊氏、足利義詮のものであることを主張したのです。

米倉氏はそれぞれの肖像画の向きなどから類推して、源頼朝とされる肖像画は足利直義、平重盛は足利尊氏だとしています。そして、残りの藤原光能は足利義詮だというわけです。

歴史学と美術史学の違い

神護寺の源頼朝像を模写したものとされる肖像画が、ロンドンの大英博物館に所蔵されていますが、そこには頼朝の伝・賛が記されています。模写は14世紀中頃に描かれたと考えられたために、神護寺の源頼朝像も14世紀中頃には、源頼朝の肖像画として伝えられたはずだとして、米倉氏の主張に反対する説も提出されました。

しかし、この賛文を分析したところ、使われている語彙のいくつかは、17世紀末以

京都・神護寺に伝わる「伝源頼朝像」(提供：Bridgeman Images/アフロ)。

降のものであることが明らかになりました。そのため、大英博物館所蔵の模写像を根拠に神護寺の肖像画を源頼朝のものだと断定することも難しくなっています。

この神護寺の肖像画の是非をめぐる論争はいまだに決着はついていません。史料的にこれを特定する証拠がない以上、決定打に欠けるのが正直なところです。美術史では、図像の比較が行われ、それがひとつの根拠となりますが、歴史学で重視するのはやはり客観的な史料なのです。

そのため、等持院の足利義詮の木像と神護寺の藤原光能のものとされる肖像画が「似ている」から、神護寺の肖像画は足利義詮を描いたものだ、とするのは、「似ている」と判断するところに少なからず、論者の主観性が入り込んでいることになります。

足利氏の肖像画というまとまりのよさ

とはいえ、この肖像画が足利尊氏、足利直義、足利義詮とするとまとまりとしてはいいのです。足利尊氏と直義という兄弟、そして尊氏と義詮という親子、つまり足利氏の有力者がまとまっているわけですから。これが、源頼朝と平重盛、そして藤原光能となると、御白河法皇に仕えた人物としたとしても、まとまりとしては弱いような気がします。

また、歴史学から離れて、美術史的な分析からすると、足利尊氏の肖像画の特徴として、垂れ目というものが共通しているそうです。実在の尊氏と似ているか似ていないかはともかくとして、尊氏は垂れ目と考えるらしく、そこから平重盛とされた神護寺の肖像画を見ると確かに垂れ目です。

肖像画の是非はともかくとして、こうした論争や諸説の存在によって、今日では教科書に神護寺の源頼朝の肖像を用いる際は、「伝源頼朝像」、あるいは「源頼朝と伝えられる肖像画」として説明されるようになりました。

足利尊氏の肖像画は高師直だった⁉

肖像画の問題はこのほかにも近年の研究でかなり変わってきています。抜き身の刀を肩に担いだ騎乗の武者姿で描かれる肖像を、かつての教科書では足利尊氏としていました。しかし、2006(平成18)年の中学校の教科書8点のうち7点からこの画像の掲載はなくなり、掲載している教科書も「南北朝の戦乱の頃の騎馬武者の像」とされています。

この肖像は、現在、京都国立博物館に所蔵されていますが、像主を表す賛や銘文などはありません。江戸時代後期に松平定信が編纂した『集古十種』には、足利尊氏像として記されており、少なくとも江戸時代からこの肖像は足利尊氏のものであると考えられてきたようです。

描かれた武具はかなりの高級品であり、鎧と太刀は、鎌倉時代中期以前にさかのぼるもので、おそらく代々相伝されたものと推測されます。つまり、家格の高い一族の有力者と考えられるわけです。

その後の研究で、太刀の柄《つか》の目貫《めぬき》と呼ばれる部分や、鞍に付属している鞖《しおで》に描かれている輪違紋は、高氏(高階氏)の家紋であるという指摘がなされ、これによって足利尊氏説は否定されるに至りました。

この家紋により、この肖像は高師直《こうのもろなお》ではないかとする説もあります。高師直は、

京都国立博物館に所蔵される「騎馬武者像」（出典：ColBase（https://colbase.nich.go.jp/））。

足利尊氏に仕え、2代将軍に足利義詮を擁立することにも活躍した人物です。尊氏・義詮の父子が、足利直義と争った観応の擾乱《じょうらん》の際には、打出浜合戦に従軍しましたが敗れ、殺害されました。

この騎馬武者の肖像は、師直の十七回忌の法要を営んだ際に、供養のために描かれたのではないかと考えられます。

しかし、近年では、この肖像は高師直ではなく、その息子である高師詮ではないかという説も出ており、いまだに決着がついていません。

そのため、現在では単に「騎馬武者像」とするのが通例となっています。

16 北条政子の演説はなかった？

承久の乱時の北条政子の大演説

源頼朝による武士の政権である鎌倉幕府は、将軍と御家人の主従関係によって成り立つ体制です。将軍である頼朝は、主人として御家人である武士たちに、地頭に任命することで所領支配に保障を与え、あるいは新しい所領を与えたりしました。この「御恩」に対して、御家人である武士たちは、有事には軍役につき、平時には幕府御所を警護する鎌倉番役などを務めます。これを「奉公」と呼びます。「御恩と奉公」は皆さんも日本史の授業で習ったことがあるのではないでしょうか。

源頼朝の死後、2代目将軍の頼家はまだ幼かったため、御家人中心の政治を求める動きが強まります。なかでも勢力を拡大してきたのが北条氏です。頼朝の妻・北

菊池容斎『前賢故実』より、北条政子の肖像。

条政子の父・時政は、将軍の頼家を廃して、その弟の実朝を立て幕府の実権を握り、執権制を敷きました。他方で、朝廷でも後鳥羽上皇によって政治の立て直しが行われます。土御門、順徳、仲恭と天皇三代にわたって院政を敷き、軍事的な面でも増強を図りました。

後鳥羽上皇との連携を目論んでいた源実朝でしたが、1219(承久元)年、源頼家の遺児・公暁《くぎょう》によって暗殺されてしまいます。これを機に後鳥羽上皇は、西国の武士たちに加え、北条氏に反発する一部の東国の武士らを味方につけて、北条氏の討伐に動いたのでした。これがいわゆる承久の乱へ発展していきます。

1221（承久3）年5月、後鳥羽上皇は三浦氏など当時の有力御家人を集めて、執権・北条義時追討の院宣を発しました。この院宣によって、東国の武士たちのあいだにも動揺が走ります。

このとき、かつての教科書では、北条政子は御家人たちを前に、涙ながらに頼朝以来の「御恩」を説いてみせたとされています。

この北条政子の訴えは、鎌倉幕府の歴史書『吾妻鏡』や軍記物である『承久記』にも記されています。要は、東国の武士たちは源頼朝のおかげで、官位も上がり、収入も増えたはずで、その恩は山よりも高く、海よりも深いのだから、3代にわたる将軍の恩に報いるようにと訴えたのです。

本当は演説はなかった？ 変わる教科書の記述

この北条政子の涙ながらの大演説ですが、実際には政子が御家人たちの前に出て、訴えたということではなかったようです。『吾妻鏡』では、彼らの前に立って直接訴えるのではなく、安達景盛という御家人が、御簾《みす》のなかにいる政子の言葉を代わりに伝えたとされています。また、異本の多い『承久記』では、政子が語りかけるのは北条義時と重臣の三浦義村だけとするものもあります。

現在の教科書でも、この演説については触れずに、「東国武士の大多数は源頼朝の妻であった北条政子の呼びかけに応じて結集し、戦いにのぞんだ」(山川出版社『詳説日本史B　改訂版』)としています。

かくして、承久の乱は幕府軍の圧倒的な勝利に終わり、後鳥羽上皇らは配流となりました。

17 応仁の乱から「応仁・文明の乱」へ

応仁はわずか2年だけ

1467（応仁元）年から足掛け11年にわたって続いた戦乱を「応仁の乱」と呼び、今日ではこの乱を扱った歴史書がベストセラーになるなど、注目が高まっています。

畠山家・斯波家の家督争いに端を発し、将軍家でも足利義政の弟・足利義視《よしみ》と、息子の足利義尚《よしひさ》を推した義政の妻・日野富子との間にも家督争いが起こりました。これらの争いに細川勝元と山名宗全が介入したことで、非常に長い戦乱に発展した応仁の乱は、実は勃発した年の年号を取って「応仁」と呼ばれていますが、応仁自体は実質的にはわずか2年だけで、その後は文明年間となります。つまり応仁の乱の大部分は文明の時代に行われたのです。

山川出版社をはじめ、多くの教科書はまだ「応仁の乱」という名称を採用していますが、2015（平成27）年の高校の教科書では、3点はすでに「応仁・文明の乱」という名称に変わっています。

あるいはもし、応仁の名称だけ残すのであれば、「応仁の大乱」としてもいいかもしれません。

主に西国での争いである応仁の乱とは別に、東国では享徳の乱が勃発しています。これは、第5代鎌倉公方の足利成氏が、関東管領の上杉憲忠《のりただ》を謀殺したことに始まる争乱で、これによって東国は戦国時代に突入したと考えられています。

また、応仁の乱もしばしば、「戦国時代の幕開け」（山川出版社『詳説日本史B改訂版』）と紹介されているように、この大乱をもって中世は終わり、戦国時代に突入したと考えられます。

戦国時代の始まりは明応の政変から？

他方、戦国時代の始まりを応仁の乱や享徳の乱ではなく、1493（明応2）年

京都市上京区御霊前通烏丸東入にある「応仁の乱勃発地」の石碑。

に起きた「明応の政変」を戦国時代の始まりと考える説もあります。

畠山氏の後継者問題に端を発した応仁の乱は、東軍となった細川方16万、西軍となった山名方11万の兵が結集するほどの大乱に発展し、勃発から11年後、畠山義就《よしひろ》が京から兵を引いたことで、終息をみました。このとき、すでに山名宗全も細川勝元も他界し、9代将軍の足利義尚は、乱の終息後にわずか25歳（享年）で亡くなりました。義尚には子がいなかったため、8代将軍・足利義政の甥たちの間で、後継者争いが起こりました。

足利義政や、細川勝元の子で元管領の細川政元は、出家していた足利義澄を呼び寄せ、擁立。これに対して、義政の正室である日野富子は、足利義視の子・足利義《よし》稙《たね》を推しました。結果、日野富子が推す義稙が10代将軍の座に着きます。

1491（延徳3）年、足利義稙は、細川政元の反対を押し切り、義尚の死によって中断していた近江守護・六角高頼討伐を再開しました。1493年になると元管領の畠山政長らとともに、畠山義豊討伐のために兵を挙げます。

細川政元はいずれの親征にも反対の立場で、幕府に不満を募らせていました。従

富山県射水市にある放生津城跡。

軍を拒み都に残った政元は、義稙との関係が悪化していた日野富子と手を組み、クーデターを起こしたのでした。これにより義稙は将軍職を追われ、代わりに政元は自分の息がかかった足利義澄を11代将軍にしたのです。

政元は管領となり、義澄を傀儡化して、幕府の実権を握りました。将軍職を追われた義稙は、京を逃れて越中へと向かい、同地の守護代・神保長誠《ながのぶ》に庇護されて、現在の富山県射水《いみず》市にあたる越中国射水郡放生《ほうじょう》津《づ》で別の政権を樹立します。これを越中公方と呼びます。

足利将軍家にとって、細川政元はあくま

でも家臣にすぎません。その家臣が主従の関係を逆転させて、主人を裏切ったわけですから、まさに下克上の戦国時代の始まりというわけです。

この細川政元によるクーデターを明応の政変と呼び、中央政治の不安定化をもたらしました。

現在の教科書では、明応の政変や享徳の乱についてはあまり触れられていないだろうとは思います。今後、もしかしたら戦国時代の始まり、あるいは中世の終わりについて、変わる可能性もあると言えるかもしれません。

18 倭寇は日本人ではなかった？

日本人以外が多かった後期倭寇

14世紀後半から16世紀にかけて、朝鮮半島や中国大陸沿岸部を襲った海賊集団を、倭寇《わこう》と呼びます。皆さんも日本史の時間に聞いたことがあるのではないでしょうか。

この倭寇については現在の教科書（山川出版社『詳説日本史B　改訂版』）では、次のように紹介されています。

「南北朝の動乱の頃、対馬・壱岐・肥前松浦地方の住民を中心とする海賊集団が、朝鮮半島や中国大陸の沿岸を襲い、倭寇と呼ばれて恐れられていた」

このように、倭寇とは「対馬・壱岐・肥前松浦地方の住民を中心」とした、いわば日本人だったとされています。「倭」は日本を意味し、「寇」は侵略行為を意味するため、日本人の侵略集団すなわち日本人の海賊集団ということになります。

歴史学的に言えば、この倭寇は通常、前期と後期に分けて考えられています。14世紀後半から15世紀を前期倭寇、16世紀を後期倭寇としますが、高校までの教科書では基本的にはまとめて説明されています。

前期倭寇は、教科書の説明にあるように日本人であるとされていますが、後期倭寇については、中国人の密貿易商が中心であったと考えられています。

この前期倭寇は、1350年以降、高麗の各地を襲い、大規模に継続して侵攻が行われたとされています。その件数は、1350～1391年の間で、300件にものぼったそうです。

対して後期倭寇では、15世紀から始まった日本と明の間での貿易である勘合《かんごう》貿易が途絶しており、公的な貿易が縮小するのと反対に、密貿易が活発化します。そのなかで海賊行為を行う集団が出てきました。その際に取り締まりを逃れるために、日本人の格好を真似た中国人が多数いたことから、倭寇と考えられたとされます。

実際に、朝鮮官吏の李順蒙が国王に宛てた提案書である上書には、高麗の倭寇のう

明軍と倭寇の戦いを描いた「明仇十洲台湾奏凱図（倭寇図巻）」部分（提供：アフロ）。

ち、倭人は1～2割程度で、高麗人が倭人の服装をして徒党を組んでいたとあります。また、『明史』の日本伝には、真の倭人は10人中3人程度であったとあり、やはり日本人以外の人間が多かったと推測されます。

倭寇の時代の海外貿易

倭寇に関連して東アジアの当時の情勢を見てみますと、1368年に朱元璋が元を廃して、漢民族の王朝である明を建国しました。朱元璋とは、のちの太祖・洪武帝です。その後すぐに明は日本に倭寇の取り締まりを求めると同時に、元以来途絶えていた正式な外交・貿易を迫ります。この呼びかけに応えて、足利義満も1401（応永8）年に、明へ使者を派遣しました。こうして行われた貿易を日明貿易、あるいは勘合貿易とも呼びます。このとき、明から日本に輸入された織物や陶磁器、書画などは唐物と呼ばれ、珍重されました。

また、1392年には、倭寇を取り締まり名声を上げた武将の李成桂が、高麗を倒し李氏朝鮮の祖となりました（語呂合わせで覚えるなら「いざ《1392》国建てん、李成桂」

ですね)。その後、明と同じく、通交と倭寇の取り締まりを日本に求めました。足利義満もこれに応じたため、両国の間で日朝貿易がスタートします。

唐物であふれる室町時代

こうして正式な交易ルートが開かれた東アジアですが、日本と明との貿易はさほど多くはありません。明自体が日本の鎖国のように海禁政策を取り、私的な密貿易を禁じていたのです。ですから、基本的には国同士の交易しかありませんでした。正式な交易は数えただけでもわずか20回程度に過ぎません。しかし、その割には、日本の室町時代を通じて、非常に大量の唐物が入ってきています。

唐物というのは舶来品で、言ってみれば、海外ブランド品のようなものです。この珍しい文物に室町時代の人々は我先にと群がったのです。

この唐物の流入によって、逆に日本独自の文化が刺激され、唐物に対抗して和物と呼ぶような独自の文化が発達しました。これが有名な「侘び」「寂び」「幽玄」に代表される東山文化に結実します。

ではなぜ、大量の唐物が日本に流入したのでしょうか。もしかしたらそこには、公的なルートをすり抜けて交易を行った、倭寇たちの存在が関わっていたのかもしれません。

倭寇たちを海賊集団と書きましたが、どうも当人たちの自己認識は商人であったようなのです。例えば、後期倭寇の頭目だった王直という人物がいますが、彼は種子島の鉄砲伝来よりも早く、日本に鉄砲を伝えたと言われています。王直は海賊行為だけでなく、各地で商取引も行っていました。しかし、度重なる海賊行為を咎められ、明から帰国命令が出ていました。

ところが、当人としては自分は海賊ではなく商人という気分なのです。自分の国のたかだか商人にそんな重い刑罰は与えないだろうと命令に従って帰国したところ、結局死罪に処されてしまいました。

このように、この時代に倭寇が果たした役割は、単純な海賊行為以上のものがあるのかもしれません。

マージナル・マンとしての倭寇

以上で述べたのは、倭寇は、日本人か外国人かという明確な区分けのもとに紹介しました。しかし、日本中世史研究者の村井章介氏の研究によれば、もう少しこの区分けは複雑なものになりそうです。

というのも、村井氏は、『朝鮮王朝実録』のなかには、父母が朝鮮人であっても日本に住んだことがある場合に「倭人」と記録される例があったと指摘しています。また、倭人と済州島の住民は生活様式がよく似ており、時に応じて倭人を装ったり、済州人を装ったりしていました。このため、朝鮮の官吏たちも見分けがつかなかったそうです。

こうした事例から、倭寇とは日本や朝鮮、中国の境界を生き、民族的な出自と風俗が一致しない「マージナル・マン（境界人）」的な存在ではないかと村井氏は述べています。国家の枠組みを超えた存在である彼らは、貿易統制を逃れるために日本人を装っていたところ、取り締まる側から倭寇と呼ばれたのだというのです。

倭寇については、今後の研究の動向如何で、また新たなイメージに変わる可能性もあります。研究の進展を期待したいところです。

19 鉄砲伝来は種子島だけではなかった？

日本への鉄砲伝来はいつからか？

初代薩摩藩主・島津家久に認められ、その後は島津家の家老も務めた種子島氏16代当主・種子島久時によって編纂された『鉄炮記』によれば、日本に鉄砲が伝来したのは、１５４３（天文12）年のことでした。種子島に漂着した外国船には、３人のポルトガル人が乗っており、同じく乗船者の中国人で儒学を学ぶ儒生の五峰による筆談で会話をしたとあります。ポルトガル人が持っていた鉄砲の実演を見た領主の種子島時堯《ときたか》は、大金を払ってこの新兵器の鉄炮２挺を手に入れたそうです。

この鉄砲を見本に、刀鍛冶の八板金兵衛らにその複製を造らせ、以降、日本でも鉄砲の製造が始まったとされます。国友（滋賀県長浜市）、根来《ねごろ》（和歌山県岩出市）、

種子島時尭公像。

堺（大阪府堺市）などが鉄砲の産地として知られるようになりました。この鉄砲の伝来からわずか7年後には畿内で鉄砲を用いた戦闘が行われており、十数年後には全国的に普及するほどの大量の鉄砲が製造されていました。

種子島の鉄砲伝来は、よく知られており、これが最初の鉄砲伝来だと習った人も多いのではないでしょうか。

イエズス会の司祭であるポルトガル人宣教師ジョアン・ロドリゲス『日本教会史』には、この3人のポルトガル人が種子島に漂着し、鉄砲を伝えたことが記されています。そのため、『鉄炮記』の記述

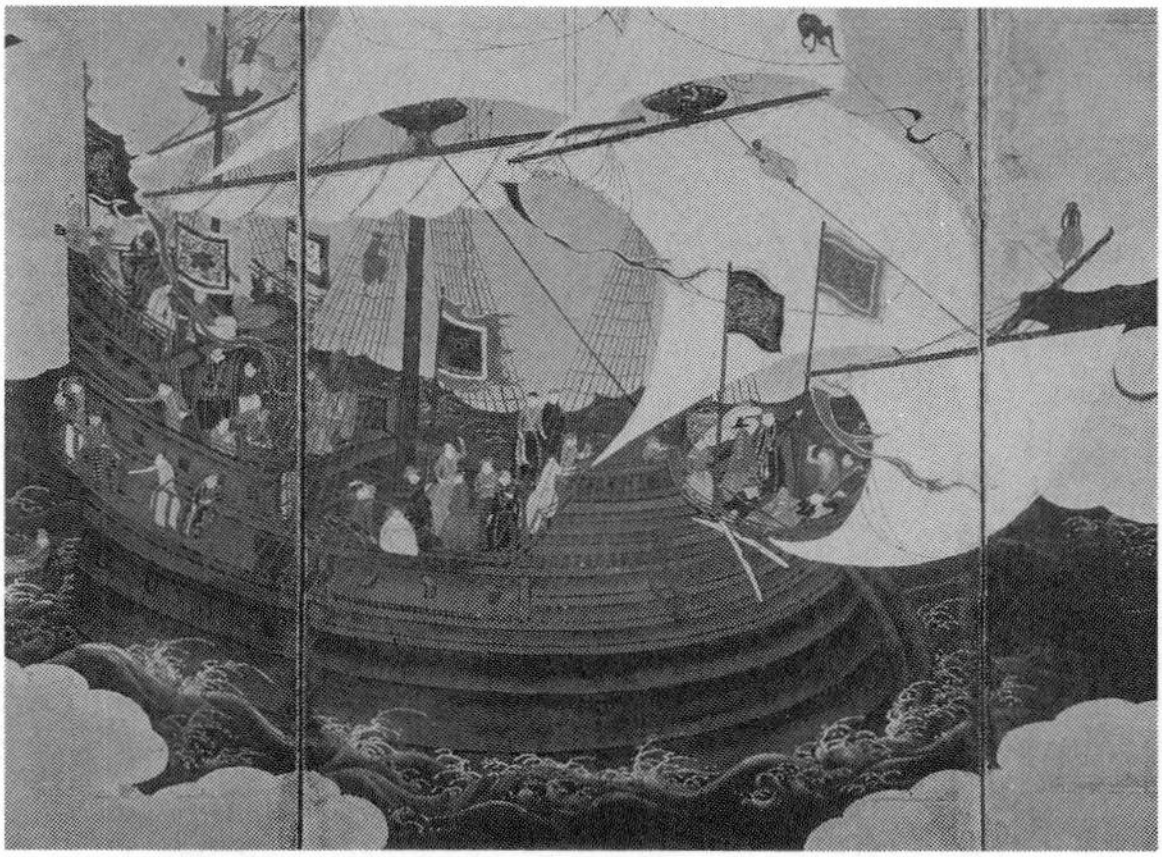
南蛮貿易の様子を描いた「南蛮屏風」部分（提供：GRANGER.COM/アフロ）。

はある程度、事実に基づいていると考えられます。

しかし、この種子島への鉄砲伝来が、最初の伝来だったかどうかについては、現在でも議論がなされています。

現在の教科書でも、「１５４３（天文12）年にポルトガル人を乗せた中国人倭寇の船が、九州南方の種子島に漂着した。これが日本にきた最初のヨーロッパ人である。当主の種子島時尭は、彼らのもっていた鉄砲を買い求め、家臣にその使用法と製造法を学ばせた」と説明されており、あくまでも最初なのはヨーロッパ人であって、鉄砲ではありません。

ポルトガル船が漂着した種子島の門倉岬。

倭寇が伝えた鉄砲の存在

そもそも鉄砲に使う火薬の技術というのはヨーロッパだけではなく、明や李氏朝鮮にもあったものでした。日本の軍事史、とりわけ鉄砲史に詳しい歴史学者の宇田川武久氏によれば、ポルトガル人が持っていたこの鉄砲は、ヨーロッパ製造のものではなく、東南アジアで改良されたものだろうとしています。

こうしたアジア製の鉄砲は、１５４３年以前にすでに日本にもたらされた可能性があるのです。

その際に、注目されるのが、先の項目

で紹介した倭寇の存在です。

後期倭寇の頭目である王直がすでに日本に鉄砲をもたらしていたと先述しましたが、この王直は『鉄炮記』に出てくる五峰と同一人物だったとする説があるのです。種子島への鉄砲伝来と同じ年に、現在の長崎県佐世保市相浦町にあたる相ノ浦の戦いで、鉄砲が使われたと『平戸藩史考』に記されています。

王直は平戸や五島列島を根城としており、当時の平戸領主の松浦氏に鉄砲を売った可能性もあるでしょう。

とはいえ、種子島への伝来以降、急速に鉄砲の製造が進み、普及したのは事実です。いかに日本の刀鍛冶の技術がすごかったかが窺えます。

20 長篠の合戦には三段撃ちも騎馬もなかった？

鉄砲はどれくらい使われたのか

鉄砲の伝来からわずか7年後に鉄砲が戦闘で使われたことは、先ほど述べましたが、これが本格的に戦争の兵器として広く用いられたのは、1575（天正3）年の織田・徳川連合軍と武田軍が対決した長篠の合戦だったということを、皆さんも学校で習ったと思います。

現在の教科書（山川出版社『詳説日本史B　改訂版』）でも次のように書かれています。

「信長は（中略）1575（天正3）年の三河の長篠合戦では、鉄砲を大量に用いた戦法で、騎馬隊を中心とする強敵武田勝頼の軍に大勝し、翌年近江に壮大な安土城

「長篠の合戦」が行われた戦場のひとつ「設楽ヶ原」の復元された馬防柵。

を築き始めた」

この合戦では、織田・徳川連合軍が大量の鉄砲を用いて、対する武田軍は騎馬隊を主力とし、激突したとされています。しかし、その際に織田・徳川方が「新戦術」を用いて勝利したと、かつての教科書では述べられることもありました。

この新戦術が何を指しているかというと、これもまた有名な、「三段撃ち」と呼ばれるものです。鉄砲を三段構えにして、馬防柵の向こうから交代で斉射を繰り返し、間断ない射撃で、武田の騎馬軍を破ったというものです。一説には、3000挺の鉄砲を1000人ずつ交代で撃ち続けたと言われています。

しかし、そもそも3000挺もの鉄砲を織田・徳川軍が使ったかどうかは定かではありません。というのも、信頼性の高い史料である『信長公記』によれば、鉄砲の数は1000挺としており、三段撃ちについては記述すらありません。

鉄砲の数を3000挺としているのは、より時代が下って江戸時代になってから、儒学者・小瀬甫庵《おぜほあん》が『信長公記』を翻案して書いた『甫庵信長記』という軍記物に登場します。そこには三段撃ちの言葉も見られます。

それでは実際に三段撃ちが行われたかというと、本当のところはわかりませんが、実際には鉄砲で迎え撃ったとしても、騎馬隊が突撃してくればこちら側に到達するまで、あっという間のことです。一発撃って、二発目を撃つまでに騎馬隊によって鉄砲隊は蹴散らかされてしまうでしょう。

とはいえ、三段撃ちという戦術が、戦国時代に全くなかったかというとそうでもないようなのです。近年の研究では、文禄・慶長の役の際に、日本軍の鉄砲は熟達しており、三段撃ちを得意としたということが中国側の史料で明らかにされている

「長篠合戦図屏風」部分（徳川美術館所蔵　©徳川美術館イメージアーカイブ/DNPartcom）。

そうです。この意味では、戦国時代の日本に実在した戦術だったと言えるかもしれません。

武田の軍馬はポニーだった？

長篠の戦いでは、織田・徳川連合軍の特徴は大量の鉄砲だったとされますが、武田軍は旧来の騎馬隊を中心に戦ったとされています。

とはいえ、当時すでに鉄砲はかなり普及していたとされ、武田軍も1555（天文24）年の第二次川中島合戦の際には、すでに鉄砲300挺を使用していました。おそらくある程度の鉄砲衆を組織し、長篠の合戦にも一定数の鉄砲が導入されていたのではないかとも考えられます。

要は、鉄砲を戦場においてうまく用いたのは織田・徳川軍だったのか、武田軍だったのか、ということが、この場合は重要なのでしょう。長篠の合戦は織田・徳川軍の大勝だったとのことですから、たとえ三段撃ちはなかったとしても、織田・徳川軍がうまく鉄砲を活用したということになるのかもしれません。

日本の在来馬のひとつ、木曽馬。

また、武田軍の騎馬隊についても、今日ではさまざまな解釈がなされています。例えば１５７２（元亀３）年の軍役では、武田の軍勢のうち騎馬が占める割合は28人中、わずか3騎でした。そもそも騎馬は一定の身分以上の幹部クラスの武将のみが許されていたためで、それ以外は皆、徒歩で従軍したのです。

また、そもそも武田軍の軍馬自体、騎乗での戦闘には不向きな、体高の小さな馬だったことがわかっています。１９８９（平成元）年の躑躅《つつじ》ヶ《が》崎館《さきやかた》の発掘調査で見つかった馬骨を調べると、その体高はわずか１２６センチメートルほどでした。

日本の在来馬は、実は体高が150センチメートルにも達しない、いわゆる「ポニー」のような種類の馬だったのです。ポルトガル人宣教師ルイス・フロイスも、「日本人は戦わなければならないときは馬から下りる」と著書に記しています。

このように考えてみると、これまで言われていた織田・徳川軍の鉄砲の三段撃ちも、武田軍の騎馬隊ももしかしたら存在しなかったということになってしまうかもしれません。

第3章

近世編

大学入試が作る教科書と定説

「暗記科目」としての日本史

「教科書とは暗記するもの」という指導が高校の日本史の教育現場で行われていることは、日本史や歴史学を普及させる意味では、いささか問題もあります。

いまの子どもたちに「歴史好き？」「日本史好き？」と聞くと、残念ながら多くの場合「嫌い」という答えが返ってきます。「なんで？」と理由を訊ねると「暗記だから」と言う。皆さんも自分が学生だった頃を思い出してください。ただ暗記するのはとても辛いわけです。試験の前の日に徹夜して、学校まで頭を揺らさないように歩いた、なんていう経験をした人も多いのではないでしょうか。そして試験が終わってしまえば、みんな忘れてしまう。

高校生くらいになれば、すでに物事をしっかりと考えられる年齢です。「暗記すること」と「考えること」のどちらが大切かと問われれば、みんな「考えることが大切だ」と答えるでしょう。

例えば数学には、Aという公式、Bという公式、Cという公式があり、この公式がどうして成立するのかということも含めて授業では習います。ただ暗記するのではなく、こうした公式を使いこなしながら、難しい問題を解いていく。だから、数学にとって大事なのは、「考えること」なのです。ただ暗記しても役に立たないわけです。

他方、日本史はというと「暗記をしろ」と教わる。ただ覚えればいいという教育を受けるわけです。高校生にもなれば、暗記することよりも考えることのほうが大切で、かつ大変なことだとわかるでしょう。実際に「暗記科目」と呼ばれるものは、調べて暗記すればすぐにテストの点数に反映される。ですから、数学の時間に日本史の「内職」をしている人はいないけれども、日本史の時間に数学の「内職」をしている人が出てくるのも、日本史が暗記科目とされ、ひとつ下の科目と認識されているからです。

大学入試試験が暗記を促進している

「日本史は暗記科目だ」というレッテルは、そのまま「つまらない学問だ」というレッテルに移行してしまいます。大学で授業をしているとそういう意見の学生が多いことに気づきます。これは高校までの暗記主体の歴史教育を受けてきたからだと私は思いました。ですから、一度、暗記しろと教育している高校の先生に、「そんな教え方をしちゃだめなんじゃないですか」と言ったことがあります。

ところが、その高校の先生は、「現実問題として、そうしないと大学に入れない。受験に受からないんです」とおっしゃったのです。それは非常にこたえました。結局は大学の問題、大学で教えて試験問題を作っている私たちのせいなんだと。

大学入試があるから、日本史は暗記科目になり、定説が必要になる。「いい箱《1185》」か「いい国《1192》」か、どちらかを必ず決めないといけなくなる。

もちろん、入試の試験問題は大学によって大きく異なります。日本史の場合、その多くは「あなたは知っていますか」という知識の量を問うものが中心的です。他方で「あなたはどう考えますか」とその人の思考力を問う設問は、やはり少数と言えるでしょう。

よく大学受験の予備校で言われるのは、山川出版社の教科書の場合は本文中だけでなく「欄外まで覚えろ」というものがあります。試験を作る側も点数に差をつけたいから本文からだけでなく欄外から設問を作ることもあるそうです。ある有名大学の若い先生は、特に上位校の場合は、本文に出てくることはみんな覚えていて当たり前だから、欄外まで範囲にするような重箱の隅をつつくような設問の作り方をしなければ、点数に差がつかない、とおっしゃっていました。聞いていて、悲しくなりました。

日本史の大学入試廃止論

ここで私は、物語性などの「無駄」を省いた教科書の叙述や、定説の存在が必要になるのも、もしかしたら大学入試のせいかもしれないと思い至りました。

もし、日本史の試験において、学生に暗記ではなく考えさせるような設問が中心的にならないのであれば、大学入試から日本史を外すほかないのではないでしょうか。人文科学系の学問の思考法を問うのであれば、外国語として英語はもちろん必要ですが、国語があれば十分だと思います。論理や思考の組み立て、文章の読解といったものは日本史よりも国語という教科で行えば事足りることでしょう。

受験科目から外れれば、暗記という呪縛から日本史は解き放たれます。高校の先生たちもそのように指導しなくてもいい。むしろ、腕の見せどころで、自分の授業でどういうふうに指導するかは先生に任せればいいと思います。

日本の歴史をひと通り、簡単に説明するのも大事です。あるいは、戦国時代なら戦国時代、明治維新なら明治維新を1年かけて勉強するでもいい。日本史全体の通史は、教科書を1冊与えて自主的に読んでもらう。授業では何かひとつテーマを決めて、1年間みんなで話し合いながら、考えてもらう授業を展開する。

大学受験の科目から外れることで、さまざまな授業のやり方が高校の先生がたの工夫次第でできるのではないか。もちろん、暗記も必要かもしれませんが、もっと考えることに頭を使うことこそ大切だと思います。

21

慶安の御触書は慶安に出されていない？

農民の辛い生活を伝える慶安の御触書

慶安の御触書《おふれがき》とは、3代将軍・徳川家光の治世である1649（慶安2）年に、幕府が農民統制のために出した法令としてこれまで知られてきました。

この御触書は江戸時代に木版本で刊行され、江戸時代の百姓の生活やその規制について明らかにしているために、学習用史料としては使い勝手もよく、かつてはよく教科書に掲載されていました。

例えば、

・朝は早く起き草を刈り、昼は田畑の工作をして、晩には縄をない、俵をあみ、それぞれの仕事に気を抜くことなく励むこと。
・酒や茶を買って飲んではならない。
・百姓は雑穀を食べ、米を多く食い潰さないようにせよ。
・百姓の衣類は、麻と木綿に限る。

といった内容で、江戸時代の農民たちの辛い暮らしをよく表しているとされました。この御触書を読むと、江戸時代の農村は本当に暗いところだったのだと思えてきます。しかし、果たして本当にそうだったのでしょうか。

幕府は慶安の御触書を出していなかった?

そもそも、この「御触書」というものは幕府の法令を意味していますが、幕府が公布する「触」は、幕府勘定所から各地の代官へと伝えられ、代官から名主へ、名主から五人組などを通して、民衆に伝えられます。

こうした法令を集めて記録したものに『御触書集成』というものがあり、江戸時

歌川広重『六十余州名所図会』より、「伯耆 大野 大山遠望」(国立国会図書館蔵)。

代を研究する際の基本的な史料とされています。

先ほども述べた通り、慶安2年というと、3代将軍・徳川家光の治世の末期にあたりますが、同時代の法令集にはどこにも慶安の御触書について明記されていません。


そのため、慶安の御触書は慶安2年に出されたものではなかったのではないかという疑問が、研究者たちの間で議論となりました。

近年の研究によると、この農民の暮らしに関する御触書が最初に発布されたのは、慶安2年よりも時代が下った1697（元禄10）年のことで、江戸幕府ではなく、甲府藩によって制定されたものだったことがわかっています。

この御触書は「百姓身持之覚書」というもので、1665（寛文5）年に成立した農民教諭書を改訂して作られたようなのです。

例えば「朝は早く起き草を刈り、昼は田畑の工作をして、晩には縄をない、俵をあみ、それぞれの仕事に気を抜くことなく励むこと」という記述も、教諭書では「（前略）普段から朝早く起き、下人を草刈につかわしなさい」と記されています。

また、この「百姓身持之覚書」が、のちに美濃国岩村藩に伝わり、木版本『慶安御触書』が作られたと考えられています。この木版本は、1830(文政13)年に幕府学問書総裁の林述斎が、岩村藩主・松平乗美《のりよし》の屋敷にあった「百姓身持之覚書」を発見し、これを「慶安の御触書」と名付けたのではないかと推測されています。

こうした議論によって、「慶安の御触書」は幕府が慶安2年に出したものではないという説が有力となり、現在の教科書(山川出版社『詳説日本史B　改訂版』)では、次のように解説され、本文では慶安の御触書については触れていません。

「幕府は百姓の小経営をできるだけ安定させ、一方で貨幣経済にあまり巻き込まれないようにし、年貢・諸役の徴収を確実にしようとした。(中略)そして、1641～42(寛永18～19)年の寛永の飢饉のあと村々へ出された法令にみられるように、日常の労働や暮らしにまで細ごまと指示を加えている」

この本文に注釈するかたちで欄外に、「このような法令としては、1649(慶安2)年に幕府は出したとされる『慶安の御触書』が有名であるが、その存在には疑問も出されている」とあります。

江戸時代の農村は暗かったのか

しかし、そもそもどうしてこの慶安の御触書がこれまでの教科書では注目されていたのでしょうか。

この御触書を読むと先にも述べた通り、農村の暮らしはなんとも暗いものだというイメージが喚起されます。これは察するに、戦後になって台頭してきた唯物史観の影響だったのではないかと考えられます。

例えば、白土三平氏の名作『カムイ伝』という漫画がありますが、これは忍者のカムイの物語というよりも、正助という農民が本当の主人公です。農民が武士に押さえつけられ、さらには商業資本に押さえつけられ、人間ではないような扱いを受けるのを、ものすごい画力で描いています。

それは言うなれば、唯物史観的な考え方で庶民が収奪され、搾取されているというイメージで描かれるのです。私は若い頃、『カムイ伝』に描かれているのを読んで、これが本当に江戸時代の農村だろうかとずっと気になっていました。しかし、教科書には慶安の御触書のように、暗い農村のイメージを伝える史料も掲載されています。「胡麻の油と百姓は絞れば絞るほど出るものなり」なんていう言葉もあったくらいですから、やはり江戸時代の農村は貧しく、暗かったのか。

しかし、考えてみると、そもそもその年に年貢を絞るだけ絞ってしまったら次の年に続くはずがありません。再生産のことを考えると、そんな圧政を強いても結局、自分たちの首を絞めることになるだけです。

中世の農村より明るかった近世の農村

私は中世史を専門にしており、近世史の研究者ではありません。そのため、中世から近世を見る、という形で論じるほかありません。

中世から近世を眺めてみると、近世の農村、つまり江戸時代の農村は中世の農村に比べればかなりマシになっていると言えるのではないかと思います。

例えば、日本にどれだけ田畑があったか、その推移をみると、『和名類聚抄』のなかでは、10世紀で86万町あったとされています。他方、15世紀になると『拾芥《しゅうがい》抄《しょう》』によれば、94万町に増加しています。そして17世紀に入ると163万町、18世紀初頭には297万町というように江戸時代に入ると飛躍的に田畑が増えているのです。

今日では減反政策などの影響もあり、減少傾向にあるものの、450万町ほどですから、18世紀初頭の297万町はさほど貧しいというような数字ではありません。

また江戸時代には備中鍬が開発されて普及し、より開墾がしやすくなりました。また、脱穀をするための千歯こきが作られ、飛躍的に作業は楽になりました。脱穀は後家の仕事とされており、千歯こきは後家の仕事を取ってしまったので「後家殺し」とも呼ばれました。さらには江戸時代には、肥料の改良も行われています。肥料に小魚などを混ぜた「金肥」を使用するようになり、やはり生産量を増やしたのです。

このように中世の農業と比べると江戸時代の農業生産量は驚くほど向上しています。それは、人口の推移にもよく表れています。

西暦600年に人口600万人だったものが中世を通じて、関ヶ原の合戦の頃の

1600年に1200万人と、1000年で2倍増えただけです。それが江戸時代に入ると1700年で2500万人にまで増えており、たった100年で倍以上になっているのです。要はこうした人口を養えるほどの食糧が、江戸時代には生産できたのだということになります。

これを石高に置き換えて考えてみると、日本全国を合わせて、江戸時代の初め頃で1800万石の米が取れたということになっています。それが幕末の頃になると3200万石とほぼ倍増しています。

とりわけ伸びたのは東北地方で、陸奥国は江戸時代初頭では167万石だったのが幕末では300万石とやはり倍増しています。出羽国に至っては、32万石から150万石とおよそ5倍にまで成長しています。

このような数字を考えてみると、江戸時代の農村は中世の農村からすれば、それなりに明るかったのではないかと思えてきます。慶安の御触書だけに注目して、江戸時代の農村は暗かったと考えるのは、やはり唯物史観的な見方の影響が多分にあるのではないでしょうか。

22 島原の乱から「島原・天草一揆」へ

原城に籠城し、幕府軍に徹底抗戦

1637(寛永14)年に起きた島原の領民による大規模な一揆《いっき》について、多くの方が「島原の乱」として習ったのではないかと思います。実際に多くの教科書でも「島原の乱」と表記されているのが通例ですが、近年、これを「島原・天草一揆」と呼び、掲載している教科書も出てきました。

まずは、「島原の乱」がどんな出来事であったか、経過を見てみましょう。

1637年10月25日、松倉勝家の領分である島原の農民が、圧政に耐えかね、代官を殺害して蜂起しました。一揆を統率したのは天草四郎(益田四郎時貞)とされており、同月27日には、天草で農民が蜂起しました。

城郭の石組が残る原城跡。

島原と天草の一揆勢は合流して、原城を修復し籠城します。その数は2万7000人にも達し、到着した幕府軍と対峙しました。諸藩兵で構成された幕府軍は12万7000人と圧倒的な数の差でした。

にもかかわらず、原城に立て籠もる一揆勢は、徹底抗戦し、幕府の司令官である上使の板倉重昌を討ちました。続いて幕府から派遣された松平信綱は、兵糧攻めやオランダ船による艦砲射撃など、ありとあらゆる手段で原城の一揆勢を消耗させたのち、総攻撃をかけて落城させました。首謀者である天草四郎をはじめ、一揆に参加した者たちは皆殺しにされました。

島原の乱の原因は領主の圧政

島原・天草で一揆が起きた原因については、キリシタンへの弾圧と領主・松倉重政らの圧政が挙げられるでしょう。

そもそも天草は、キリシタン大名で有名な小西行長の領地でした。島原は同じくキリシタン大名の有馬晴信の領地です。小西行長は関ヶ原の戦いでは西軍として参戦したため処刑されています。また、有馬晴信は東軍に与《くみ》しましたが、子の代になって転封となりました。

その結果、天草は寺沢広高の、島原は松倉重政の領地となったのです。彼らは、幕府の禁教令に従って、キリシタンに厳しい弾圧を加え、取り締まりました。

また、寺沢広高の後を継いだ寺沢堅高、松倉重政の後を継いだ松倉勝家の代になるとキリシタン弾圧はもちろんのこと、領民に対して重税を課すとともに、払えない者は厳罰に処したのです。

殉教公園の「天草四郎」像。

このような苛政に堪えきれず、領民たちは一揆となって蜂起したのでした。

この一揆の勢力は、弾圧されたキリシタンたち、そしてキリシタンではない農民たちに加え、小西氏や有馬氏など、取り潰しにされたり、転封されたりした大名たちの家臣たちが浪人となって加わっていたと考えられます。彼らは幕府軍と渡り合えるほどに軍事的な経験を積んだ者たちでした。

この一揆の様子を描いたとされる「島原陣図屏風」が現在、福岡県朝倉市秋月郷土館に所蔵されていますが、そこには鎧を着けた侍もいれば、キリシタンの旗も描かれています。単純な農民一揆ではなかったことがよくわかります。

しかし、先述した通り、敵味方の数の差は圧倒的で、原城に立て籠もった島原・天草の一揆勢は皆殺しとなったのです。

「乱」から「一揆」へ

先述したように、従来、島原の乱と呼ばれたこの一揆ですが、今日では「島原・天草一揆」とも呼ぶようになりつつあるようです。

まず、この一揆の中心となったのは、天草諸島と島原半島南部です。これを島原の一語だけで表現すると、天草の一揆が抜け落ちてしまいます。そのため、「島原・天草」とするのがより正確だというわけです。

また、「乱」という言葉については、「大塩平八郎の乱」や「由井正雪の乱」といったように、支配者側にとって秩序を暴力的に乱したものという意味合いの強いものです。対して、一揆というのは、一味が心を同じにして蜂起することという意味がありますす。当時の史料では乱という言葉は用いられておらず、「吉利支丹《きりしたん》蜂起」もしくは「宗門一揆」と表されており、この騒乱が一揆であるという認識が当時からあったのではないかと思われます。

重罪に処せられた悪徳領主

この島原・天草一揆に発展する原因のひとつとなった領民への取り立ての厳しさは本当にひどかったものらしく、幕府は一揆鎮圧後、大名の松倉勝家を斬首に処しています。普通、武士の死罪と言えば切腹ですが、その切腹すらさせない。それほどに重い処罰を与えたということになります。

実は、江戸時代には、領内で農民一揆が起きた場合、それがあまりに強大なものになると、その大名と藩は転封されたり、最悪の場合、取り潰しになったりすることがありました。その意味では、幕府はそれなりに農民たちの暮らしにも配慮していたということになるでしょう。そのなかでも松倉氏の場合は取り潰しどころではなく、斬首に処されているところを見ると、幕府も相当に事態を重く見ていたことがよくわかります。

23 アイヌは山丹交易の中心だったのか？

教科書のアイヌに関する記述

近年の日本史教科書では、アイヌや沖縄（琉球）について触れる箇所も少しずつ増えてきているようです。アイヌについては中世や近世、近現代などそれぞれの項目で触れられています。

例えば、1457（長禄元）年、和人の侵入に抵抗して蜂起したコシャマインの戦いや、1669（寛文9）年に松前藩と対立したシャクシャインの戦いはよく知られていると思います。

とりわけ、江戸時代の松前藩は、徳川家康からアイヌとの交易独占権を保障されており、広大な蝦夷地での影響力を強めていました。和人以外の河川流域などに住

真歌公園の「シャクシャイン」像。

むアイヌたちと交易を行い、この交易で得られた収入は家臣に与えられたそうです。自藩に有利な条件で交易を強要する松前藩に、シブチャリ（静内。北海道日高振興局管内新ひだか町周辺）に住んでいたアイヌの長・シャクシャインらは反抗しました。

抵抗が長期化し、領地管理の不行き届きで幕府から処罰されることを恐れた松前藩は、シャクシャイン側に和睦の意思を見せ、逆にシャクシャインを謀殺したとされます。

現在の教科書では次のように書かれています。

「アイヌ集団は1669（寛文9）年、シャクシャインを中心に松前藩と対立して戦闘をおこなったが、松前藩は津軽藩の協力を得て勝利した。このシャクシャインの戦いでアイヌは全面的に松前藩に服従させられ、さらに18世紀前半頃までには、多くの商場が和人商人の請負となった」（山川出版社『詳説日本史B　改訂版』）

本文に加えて、注釈では、「アイヌたちの多くは、この段階ではもはや自立した交易の相手ではなく、漁場などで和人商人に使われる立場にかわっていた。和人は、アイヌを交易でごまかしたり、酷使することがあった」とあり、アイヌの人たちが置かれた状況の過酷さが窺えます。

山丹交易は公式な交易だったか？

2017（平成29）年の学習指導要領案の3内容の取り扱い（3）（ウ）では、「北方との交易をしていたアイヌについて取り扱うようにすること」という記述があります。

北方との交易とは、松前藩から蝦夷地・サハリン（樺太）・沿海州を経由して、

アイヌをモデルに描いた蠣崎波響『夷酋列像』のうち、クナシリ惣乙名「ツキノエ（貲吉諾）」（提供：野村哲也/アフロ）。

清とつながる交易ルートのことで、沿海州周辺に住んでいウィルタ、ニヴフ、オロチョンなどの人々を松前藩では「山丹人《さんたんじん》」と呼んだことから、山丹交易と呼ばれました。

山丹人は清との交易でテン皮を上納する代わりに、官服や上質な布地を得ており、アイヌは猟で得た獣の毛皮や松前藩との交易で得た米や酒を用いて、山丹人と交易を行っていたとされます。

このように松前藩はアイヌと山丹人を通じて清との交易を行ったというわけです。こうして得られた舶来の衣服は、蝦夷錦と呼ばれ江戸幕府に献上されました。

この学習指導要領案では、山丹貿易の主体としてアイヌを位置づけようとしているようにも読めますが、この点はいまだに詳しいことはよくわかっていないのが実情だと思います。

ただ、山丹交易自体が国同士の公式な交易だったかというと、入ってきている物品の質・量を考えればそこまでのものではなかったとも言えます。

これは、江戸幕府は鎖国政策をとっており、外国との交易は限定されたものだったからです。近年、鎖国はなかったとする説が出てきていますが、山丹交易を公式な交易と考えるべきかどうかは、鎖国はあったかなかったかということに関わってきます。次の項目では、この点を見ていきましょう。

24 鎖国はあったのか、なかったのか？

鎖国時代にも限定的な交易はあった

先述したようにこれまで江戸時代を通じて幕府は鎖国政策を取り、海外との私的な交易を禁じたとされています。

しかし、近年、鎖国はなかったのではないかとする説が提唱され、鎖国はあったのか、それともなかったのか、議論を呼んでいます。

例えば、イリノイ大学の歴史学者ロナルド・トビ氏によって提唱されたもので、朝鮮通信使に注目して、鎖国の見直しについて言及されました。

また、歴史学者の荒野泰典氏は、「4つの口」に注目して、鎖国はなかったことを主張しています。この4つの口とは、オランダとの限定的な交易が許された出島のある長崎、先の項目で取り上げた山丹交易で清と繋がった松前藩、朝鮮通信使などの朝鮮との交易の拠点となった対馬、そして最後に、琉球との交易を行った薩摩藩を指します。

このように、限定的ながら江戸幕府は外国と交易をしており、鎖国とは言えないというわけです。

こうした近年の議論の影響を加味してから、現在の教科書は次のように説明しています。

「島原の乱を鎮圧後、幕府は1639（寛永16）年にポルトガル船の来航を禁止し、1641（寛永18）年には平戸のオランダ商館を長崎の出島に移し、オランダ人と日本人との自由な交易を禁じて、長崎奉行がきびしく監視することになった。こうしていわゆる鎖国の状態となり、以後、日本は200年余りのあいだ、オランダ商館・中国の民間商船や朝鮮国・琉球王国・アイヌ民族以外との交渉を閉ざすことになった。幕府が対外関係を統制できたのは、当時の日本の経済が海外との結びつきがなくとも成り立ったためである」

「ロンドンイラストレーテッドニュース」に掲載された「長崎出島」の様子（提供：アフロ）。

現在の出島跡の様子。

「鎖国はなかった」説のおかしさ

そもそも「鎖国」という言葉は、ドイツ人医師ケンペルがその著書『日本誌』のなかで、日本は長崎を通してオランダだけと交渉しており、閉ざされた状態にあると記したのを、元オランダ通詞の志筑《しづき》忠雄が「閉ざされた状態」のことを「鎖国」と訳したのに始まります。

また、幕末にいわゆる黒船で来航したアメリカのペリーは、のちに『ペリー遠征記』という自伝を書いていますが、ペリーはアメリカ大統領から日本を開国するように命令を受けたと述べています。鎖国していない国をわざわざ開国しにやってくるわけはありませんから、海外から見れば、日本はしっかりと国交を閉ざした鎖国の国として知られていたようです。

なぜ、鎖国はなかったことにこだわるのか。

そこにはまた唯物史観がある程度、影響力を持っているのではないかと私は考えています。唯物史観的に見れば、ある意味、日本はアジアの一員であるべきだという歴史観を重視しやすくなります。そうすると、日本は鎖国と言われる時代にも朝鮮とも清とも繋がっていたというわけです。アジアを重視すれば、西洋諸国との交渉がなかったというのは、さして気にならない問題となってしまいます。

とはいえ、国交というものを考えたとき、やはりその時代にはその時代なりのグローバリゼーションというものがあります。この時代にはやはりアジアよりもヨーロッパのほうが文明的には進んでいたということも言えるでしょう。

グローバリゼーションの中心にヨーロッパがある時代に、そうした国々と交渉を持たなかったとなると、やはり国は閉じていたと言わざるを得ないのではないでしょうか。ですから、鎖国はなかったというのは、やや言葉が過ぎるような気がします。

25 存在感が薄い江戸時代の朝廷

変わる江戸時代の天皇と朝廷の記述

かつての教科書では、近世を通じて、朝廷についてはほとんど触れられなくなり、江戸時代に至っては幕末になるまで全く登場しないというのが、ほとんどでした。近世とりわけ江戸時代以降は幕藩体制の確立によって、朝廷の影響力というものがいまひとつ、見えてきません。

例えば1588（天正16）年、豊臣秀吉が後陽成天皇を聚楽第《じゅらくだい》に招いたとする解説ののちは、江戸時代最後の天皇となった孝明天皇に至るまで、およそ280年間、天皇や朝廷に関する記述はほとんどなくなるのです。

1615（元和元）年の朝廷運営の基準を明示した禁中並公家諸法度の制定や、

1629(寛永6)年の紫衣事件について、いずれも後水尾天皇に関わるものですが、それらにわずかに触れるくらいでした。

しかし、最近は、「尊号一件」のような江戸時代における朝廷と江戸幕府の対立事件を紹介して、幕藩体制下の朝廷がどんな存在だったか紹介するようになっています。私が学生だった時分には、確か掲載していなかったと記憶しています。

この尊号一件は、1789(寛政元)年に光格天皇が実父である閑院宮典仁《すけひと》親王に太上天皇の尊号を贈ろうとしたことに端を発します。家康以来の禁中並公家諸法度によって、親王は摂関家より下位に置かれることになってしまい、この尊号の宣下は、天皇の自分よりも著しく位が低くなってしまった実父への光格天皇の配慮でした。

当時の江戸幕府老中は寛政の改革で有名な松平定信でしたが、彼はこれを拒否します。朝廷と幕府の間を取り次ぐ武家伝奏を通じて、朝廷は再度、尊号の宣下を幕府に求めましたが、松平定信は、武家伝奏は元来、幕府側につくべきだとして、1793(寛政5)年に、公家を処分したのです。この一連の事件を尊号一件と呼びます。

尊号一件と幕末

この尊号一件は、教科書では、あくまでも朝廷に対して強硬姿勢を崩さない幕府側の姿が描かれ、これによって幕府と朝廷の協調関係の乱れが指摘されます。この事件の対処をめぐって将軍・徳川家斉とも対立した松平定信は、老中在職わずか6年余りで退陣に追い込まれてしまいました。

近年、このように江戸時代の天皇や朝廷を意識した記述が教科書に増えているのは、幕末の攘夷運動の高まりとの関連性が考えられます。

これまでの教科書では、江戸時代の間、ずっと無視されていた天皇と朝廷がいきなり幕末になって登場し、重要な位置を占めていくわけで、突然登場するため、歴史の流れがわかりづらいというのもあるでしょう。そのため、江戸時代には朝廷はそんなに無視されていたわけではなく、存在感もあったとするほうが、幕末を説明しやすいというわけです。

実際に、現在の教科書では、「この事件を契機にして、幕府と朝廷の協調関係は崩れ、幕府による統制機構は幕末まで維持されるものの天皇の権威は幕末に向かって浮上し始めた」とあります。

江戸時代を通じて維持された幕藩体制というのは、幕府を中心として諸藩を下位におくものです。

その幕府の中心が将軍であって、そこには天皇と朝廷を組み入れる余地はありません。これがいわばかつての教科書風の考え方です。

しかし、近年はむしろ将軍が将軍たり得るのは、天皇がいるからだとする見方も強くなっています。要は、将軍を任命するのは天皇であり、幕藩体制はそもそも天皇と朝廷がいないと成立しないというものです。

とはいえ、いくら天皇と朝廷の存在感を強調しようとも、この時代の幕府が朝廷を低く見ていたことは否めません。先程も触れた禁中並公家諸法度のように、何らかの権限を与えるというよりも、天皇や朝廷を幕府の管理下に置くことに終始しています。

庶民たちが再発見した天皇の存在と意義

江戸時代を通じてやはり天皇や朝廷の存在は、さほど重視されていなかったとすると、なぜいきなり幕末に天皇が重視され、存在感が増したのでしょうか。

これには、天皇の再発見があったのではないかと私は考えています。天皇を再発見したのはもちろん幕府のような武士たちではありません。むしろ庶民たちだったと思うのです。

江戸時代になると多くの日本人が、読み・書き・算盤《そろばん》を習い、リテラシーが上がり、学問に打ち込む人々が急増します。世界的にも江戸時代の識字率は最も高かったと言われています。

学問に打ち込むようになると、当然、歴史について意識し始めるようになります。つまり、我々はどこから来たのか、そしてどこへ行くのかという問題を考え詰める。その求めに応じて登場したのが、国学でした。

本居宣長などが日本神話に注目して、『古事記』などを再発見していく。こうした国学の影響を少なからず受けた一般の庶民たちは、天皇という存在を見出したのではないでしょうか。各藩のお殿様がいて、その上には将軍様がいる。その将軍様よりもしかしたら上に天皇がいるのではないかということを、庶民が再発見したと思うのです。

江戸時代にはお蔭参りとして伊勢神宮を詣でるのが流行しましたが、これも庶民たちの再発見の一環だったのではないでしょうか。伊勢神宮の天照大神こそが天皇の祖先であり、日本の中心の神だということに庶民たちは気づいたというわけです。

ですから、私自身はやはり江戸時代を通じて天皇や朝廷の影は薄かったと思うのですが、江戸時代も後期になって、庶民たちが天皇の存在と意義を再発見したんだと思うのです。

26 「生類憐みの令」の光と闇

生類憐みの令は悪法か？

5代将軍・徳川綱吉といえば、「生類憐みの令」を出して、犬の殺生を禁じたということで、「犬公方」とも呼ばれ、多くの人がご存知かと思います。

天下の悪法とも言われる生類憐みの令ですが、特定の法令を指すものではなく、1685（貞享2）年を皮切りに、綱吉の在位期間中、合計135回にわたって発布された大小の「触」の総称を指しています。

当初の「触」は「将軍御成の道筋に犬猫をつながずに放しておいてもかまわない」といったものでしたが、次第にエスカレートしていき、1695（元禄8）年には、住民を強制的に立ち退かせ、大久保や四谷、中野などに御囲（犬小屋）が建てられました。中野にあった御囲は、約29万坪の敷地面積を有し、最大10万頭も収容可能だったというから、桁違いです。1696（元禄9）年には、犬の虐待について密告した者に賞金が支払われるほどでした。

文治政治を重んじた綱吉の人柄

悪法とされてきた生類憐みの令ですが、これ自体を見直す機運もあったことは確かです。例えば、最近の教科書の紹介は次のようになっています（山川出版『詳説日本史Ｂ　改訂版』）。

「綱吉は仏教にも帰依し、1685（貞享2）年から20年余りにわたり生類憐みの令を出して、生類すべての殺生を禁じた。この法によって庶民は迷惑をこうむったが、とくに犬を大切に扱ったことから、野犬が横行する殺伐とした状態は消えた」

庶民がこの「悪法」で迷惑を被ったことも確かなのですが、それと同時に野犬対策の役には立ったという、良い面も補足されています。

一説には徘徊する野犬を御囲に隔離したことによって、野犬に噛まれるなどの被害も少なくなり、野犬にゴミを荒らされることもなくなったので、江戸の町の衛生面が向上したという評価もあります。

より大きな流れでいえば、綱吉の政治は、戦国の気風が残る武断政治から、徳を重んじる文治政治への転換点に差し掛かっていました。綱吉は、儒学を重んじ、儒学者・林信篤を大学頭に任じて、湯島聖堂を建立し、学問を奨励しました。また、禁裏御料を増やして、朝廷や公家政策の緩和に努めています。

こうした綱吉の平和的な改革を「天和の治」と称して、一定の評価がされています。武断から文治へという転換点にあった綱吉が、生き物を優しくしよう、大切にしようという生類憐みの令のような一連の政策を取ったのは、よくわかるような気がしてきます。

とはいえ、庶民が迷惑を被ったのは確かで、偉い人は現場のことを知らないというものの典型とも言えるかもしれません。

27 田沼意次の政策の再評価

賄賂に塗れた政治家像が反転する

田沼意次《おきつぐ》というと、かつての教科書で習った人はどちらかといえば、その経済政策によって役人や商人たちの間で、賄賂《わいろ》が横行する結果になったという、金権腐敗のイメージがつきまとっているのではないでしょうか。

確かに今日の教科書でも「幕府役人のあいだで賄賂や縁故による人事が横行するなど、武士本来の士風を退廃させたとする批判が強まった」とも記されていますが、それにも増して、田沼意次のさまざまな改革への肯定的な評価が目につきます。たとえば、「意次の政策は、商人の力を利用しながら、幕府財政を思い切って改善しようとするものであり、これに刺激を受けて、民間の学問・文化・芸術が多様な発展をとげた」とあり、ある程度、田沼意次の経済政策が一定の功を奏したとする評価が窺えます。

倹約政策では経済は回復しない

私自身は経済の専門家ではありませんので、軽々しく評価することはできませんが、少し専門を外れて自分なりの考えを述べますと、まず江戸時代にはいわゆる三大改革というものがあります。享保の改革、寛政の改革、天保の改革です。このいずれもが基本的には経済改革なのですが、不況対策としていずれも倹約政策を取っています。

しかし、デフレーションのような経済停滞の状態から経済を回復させるには、元来は思い切ったパラダイムシフトを起こさなければなりません。そうでもしないと、経済構造は全く変わらない。

残念ながらこれらの三大改革はいずれも経済構造を変えるほどのものではありませんでした。「入るを量りて出ずるを為す」という故事もありますが、不況になったら倹約するというのはある種、当たり前のことで、倹約政策は誰でも思いつくことです。

逆に言えば三大改革のなかでも、徳川吉宗の享保の改革は、リストラ政策・倹約政策の最初ですから、かろうじて及第点といったところで、それなりの効果はあっただろうと思います。しかしその後の松平定信の寛政の改革にしろ、水野忠邦の天保の改革にしろ、ほとんど意味をなしておらず、経済的には効果はなかったのではないかと思います。

それでは逆に田沼意次の経済政策はどうだったかというと、力をつけてきた商人らによる商品流通から生じる利益をうまく活用した政策を展開しています。同業者組合や株仲間の結成を奨励するとともに、専売制を認めて税金を課すなど、倹約ではなく経済を刺激する政策を重視しています。

また、長崎貿易の奨励、対露交易と蝦夷地経営を念頭に置いた蝦夷地の開発や印旛沼・手賀沼の開拓など攻めの政策を次々と繰り出しました。

その結果、先に引用した教科書の解説のように「これに刺激を受けて、民間の学問・

文化・芸術が多様な発展をとげた」のです。

松平定信の寛政の改革の頃に詠まれた狂歌に次のようなものがあります。

「白川の清きに魚の住みかねて　もとの濁りの田沼恋しき」

これは、松平定信の改革があまりにも窮屈だったので、その反動で田沼意次の時代が懐かしいと詠んだものでした。

荻原重秀のインフレ政策

このように田沼意次は、江戸時代にあって経済のことがよくわかっていた人物だと言えます。蛇足になりますが、同じように経済をよくわかっていた人物に、徳川綱吉の時代に新井白石の政敵だった勘定奉行の荻原重秀がいます。

彼は、金貨の金の含有量を減らし、小判がたくさん出回るようにしてインフレーションを起こそうと考えたのでした。私が学生の頃にはとんでもない悪政だと言われていましたが、それはやはり新井白石の政敵だったから、というのが大きな原因かもしれません。

貨幣の価値は何によって決まるかというと、それには価値があるとみんなが信用することによって、価値が付与されるとする信用貨幣の原則から言えば、そんなに間違ってはいないのではないかと私は思っています。

当時はまだありませんでしたが、もっと時代が下った後には、藩札という各藩内で流通する紙幣が登場します。金貨や銀貨ではなく、あくまでも藩の信用だけで取引に使用できる貨幣です。幕府によって藩の領地替えがあるとただの紙切れになってしまいますが、それでもなんとか流通していました。

それ以上に、日本の金山や銀山の生産量が年々低くなり、硬貨を鋳造する新しい材料がなかったことも、荻原重秀の政策に繋がっているとも言えるでしょう。

28 士農工商という身分制度はなかった？

江戸時代の身分制度とは？

かつての教科書では、江戸時代には「士農工商」という身分制度があったと習った人も多いのではないかと思います。

支配階級の武士を頂点とし、幕藩体制にとって財政的な基盤となった米を生産する農民を次に置き、その下に職人と商人とする身分の序列制度です。この場合、商人が最も低いのは、ただ商品を動かして差額で儲けるだけの仕事だからとされます。

しかし、実はこの「士農工商」という言葉は、現在の教科書にはほとんど掲載されておらず、こうした身分制度の存在自体、否定されています。

例えば、山川出版社『詳説日本史B　改訂版』には、江戸時代の身分について、支配階級である武士の紹介に続いて、次のように説明されています。

「一方、社会の大半を占める被支配身分は、農業を中心に林業・漁業など小規模な経営（小経営）に従事する百姓、多様な種類の手工業に従事する職人、商業や金融、さらには流通・運輸を担う商人を中心とする都市の家持町人の三つをおもなものとした。以上のような社会の秩序を『士農工商』と呼ぶ」

山川出版の教科書にはまだ『士農工商』という言葉が残っていますが、分類される身分は、武士、百姓、職人、町人としています。今日では、この百姓、職人、町人には身分の差はなく横並びで、それぞれの惣村や惣町を形成する独自の個性を持つ集団だったと考えられています。

士農工商は近代に作られた

この「士農工商」という言葉はそもそもどこから来たかというと、中国の古典に由来するものと考えられます。それもあくまでも社会を構成する人々を職能によって4つに分けただけで、上下の身分を表したものではありません。「階級」とは言えないものです。

これが上下の秩序を表すようになったのは、江戸時代後期の儒学的な言説の影響が強いと考えられます。商人が最も低い地位に置かれているのも、儒教の影響が見られます。つまり、農民は米などの作物を生産することができますが、商人は右から左に物を動かすだけで金を取っているから卑しいというようなことを儒学者は言うのです。

明治時代に四民平等という言葉が作られ、「士農工商」の身分が廃止されたとされますが、いわば明治に入って以降、「士農工商」は広く上下秩序を表すものと確定され、一般的に普及していったと考えられます。つまり、身分格差としての「士農工商」は近代になってから作られたものと考えられるのです。

金を払えば武士になれた?

百姓、職人、町人は横並びだったという証拠に、しばしば百姓と町人の区分は曖《あい》昧《まい》で、職業変更も可能だったと考えられています。

先述しましたが、江戸時代になると寺子屋などで庶民は読み・書き・算盤を習うようになります。読み・書きだけではなく、算盤をなぜ習ったのかといえば、算盤ができれば商いができる、商人になることができるということだったのではないでしょうか。

ですから、百姓の子でも職人の子でも商人になることもあったはずです。

さらに言えば、それほど多かったわけではありませんが、武士の身分になることも不可能ではありませんでした。武士の株を買えば、それも可能だったのです。

例えば、西郷隆盛との会談で江戸の無血開城を決めたのは幕臣・勝海舟ですが、彼の曽祖父は貧農に生まれた目の不自由な人物でした。その後に、江戸へ出て高利貸しとなり、稼いだ金で株を買って息子を武士にしたのです。それが勝海舟の父の生家である男谷家でした。勝家は男谷家の分家になります。

その意味では、武士の身分ですら金で買えたことになります。つまり士農工商は、そこまで一般にまで普及した厳格な身分制度ではなかったということです。

【日本史年表】

時代	年代	出来事
旧石器	約3万5000年前	後期旧石器文化の開始
	約1万4000年前	細石器文化が日本列島に広がる
縄文	約1万3000年前	縄文時代の開始
	前3000	巨大な貝塚や環濠集落が造営される
	前1500	稲作の開始
	前300	弥生時代の開始

【日本史年表】

時代	年	出来事
弥生	57	倭の奴国王、後漢に入貢し、印綬を受ける
	239	邪馬台国の卑弥呼、魏に遣使、親魏倭王の称号を受ける
	391	ヤマト政権の統一が進む。倭軍、朝鮮半島へ出兵
古墳	538	百済より仏教公伝
	552	蘇我氏と物部氏の間に、崇仏論争が起こる
	587	蘇我馬子、物部守屋を滅ぼす
飛鳥	593	厩戸王、摂政となり政務に参加
	603	冠位十二階制定
	604	十七条憲法制定
	607	小野妹子、隋に派遣（遣隋使）
	645	中大兄皇子、中臣鎌足らが蘇我氏を滅ぼす（乙巳の変）

時代	年代	出来事
飛鳥	646	改新の詔が出される
	670	庚午年籍を作成
	672	大海人皇子、大友皇子を追い詰め自殺させる（壬申の乱）
	694	藤原京に遷都
	701	大宝律令完成
	708	和同開珎、鋳造
奈良	709	平城京に遷都
	718	藤原不比等ら、養老律令を撰定
	729	長屋王、謀反の疑いにより自殺に追い込まれる（長屋王の変）
	740	藤原広嗣の乱。恭仁京に遷都

【日本史年表】

時代	年	出来事
奈良	743	墾田永年私財法の制定
	752	奈良の大仏、開眼
	764	恵美押勝の乱
	765	道鏡、太政大臣禅師となる（翌年、法王となる）
	770	道鏡、下野薬師寺別当へ追放される
	784	長岡京に遷都
平安	794	平安京に遷都
	805	徳政論争により平安京造営中止。最澄、天台宗を開く
	806	空海、真言宗を開く
	894	菅原道真、遣唐使中止を進言
	901	菅原道真、大宰権帥に左遷

時代	年代	出来事
平安	939	平将門の乱、藤原純友の乱が始まる
	1017	藤原道長、太政大臣となる
	1069	延久の荘園整理令
	1086	白河上皇、院政を開始
	1156	保元の乱
	1159	平治の乱
	1167	平清盛、太政大臣となる
	1180	源頼朝ら東国武士の挙兵
	1185	平氏滅亡。源頼朝、守護・地頭の任命権を得る
	1192	源頼朝、征夷大将軍となる

【日本史年表】

鎌倉	
1199	源頼朝、死去。13人合議制。
1221	後鳥羽上皇が挙兵（承久の乱）
1224	北条泰時、執権となる
1232	御成敗式目制定
1274	元軍、九州に襲来（文永の役）
1281	元軍、再度九州に襲来（弘安の役）
1297	永仁の徳政令、発布
1321	後醍醐天皇即位。院政が廃止される
1324	後醍醐天皇の討幕計画がもれる（正中の変）
1331	後醍醐天皇の討幕計画がもれる（元弘の変）
1333	鎌倉幕府滅亡

時代	年代	出来事
南北	1335	中先代の乱。足利尊氏、後醍醐天皇から離反
	1336	後醍醐天皇、吉野に移る
	1338	足利尊氏、征夷大将軍となる
	1350	前期倭寇の活動が盛んになる
	1391	山名氏清、討たれる（明徳の乱）
	1392	南北朝の合一
室町	1401	足利義満、第1回遣明船を派遣
	1404	勘合貿易、始まる
	1429	尚巴志、琉球王国を建国
	1457	コシャマインの戦い

【日本史年表】

室町	
1467	応仁の乱（応仁・文明の乱）の開始
1493	伊勢盛時（北条早雲）、伊豆の堀越公方を滅ぼす
1543	種子島に鉄砲が伝来
1549	フランシスコ・ザビエル、キリスト教を伝える
1568	織田信長、足利義昭を奉じて京都入り
1571	織田信長、比叡山を焼き打ち
1573	織田信長、足利義昭を追放。室町幕府、滅亡する
1582	本能寺の変。織田信長、死去。山崎の合戦で、羽柴秀吉が勝つ
1585	羽柴秀吉、関白となる
1586	豊臣秀吉、太政大臣となる
1587	バテレン追放令

時代	年代	出来事
室町	1588	刀狩令
	1590	豊臣秀吉、小田原、奥州を平定し、全国を統一
	1592	朝鮮出兵（文禄の役）
	1597	再び朝鮮出兵（慶長の役）
	1598	豊臣秀吉、死去
	1600	関ヶ原の戦い
江戸	1603	徳川家康、征夷大将軍となる
	1615	大坂夏の陣。豊臣氏、滅亡
	1616	ヨーロッパ船の寄港地を平戸、長崎に限定
	1629	紫衣事件。長崎で絵踏が始まる

【日本史年表】

江戸	
1637	島原の乱（島原・天草一揆）が起こる（～1638）
1643	田畑永代売買禁止令
1649	「慶安の御触書」発布とされる
1669	シャクシャインの戦い
1685	生類憐みの令（～1709）
1709	江戸幕府、新井白石を登用（正徳の政治）
1716	徳川吉宗、享保の改革を開始（～45）
1767	田沼意次、側用人となる
1787	松平定信、老中となり、寛政の改革を開始（～93）
1825	異国船打払令を制定
1837	大塩平八郎の乱

【日本史年表】

時代	年代	出来事
江戸	1841	天保の改革（～43）
	1853	ペリー、浦賀に来航
	1858	日米修好通商条約、調印。安政の大獄
	1866	薩長連合、成立
	1867	大政奉還。王政復古の大号令
	1868	戊辰戦争起こる

※『日本史広辞典』及び『詳説日本史B　改訂版』内の「日本史年表」
（いずれも山川出版社）を参照のうえ、作成。

主要参考文献●

（順不同）

笹山晴生ほか『詳説日本史B　改訂版』山川出版社
本郷和人『「違和感」の日本史』産経セレクト
本郷和人『乱と変の日本史』祥伝社新書
中公新書編集部編『日本史の論点　邪馬台国から象徴天皇制まで』中公新書
佐藤信編『古代史講義　邪馬台国から平安時代まで』ちくま新書
荒野泰典『「鎖国」を見直す』岩波現代文庫
石渡信一郎『完本　聖徳太子はいなかった　古代日本史の謎を解く』河出文庫
矢澤高太郎『天皇陵の謎』文春新書
片山杜秀『皇国史観』文春新書
若井敏明『謎の九州王権』祥伝社新書
山本博文ほか『こんなに変わった歴史教科書』新潮文庫
高橋秀樹ほか『ここまで変わった日本史教科書』吉川弘文館
山本博文監修『こんなに変わった！　日本史教科書』宝島社
小和田哲男監修『大人が知らない！　最新日本史の教科書』宝島社
本郷和人・井沢元彦『日本史の定説を疑う』宝島社新書
『日本史広辞典』山川出版社

画像提供
●
アフロ
photolibrary
共同通信社
国立国会図書館
国立文化財機構所蔵品統合検索システム

スタッフ

装幀
bookwall

本文デザイン
LittleFoot

本文DTP
黒坂浩
(ALPHAVILLE DESIGN)

図版作成
木下裕之
(Kinoshita Design)

編集
宮下雅子
(宝島社)

制作
吉祥寺事務所

本郷和人（ほんごう　かずと）
1960年、東京都生まれ。東京大学史料編纂所教授。東京大学・同大学院で石井進氏、五味文彦氏に師事し日本中世史を学ぶ。史料編纂所で『大日本史料』第五編の編纂を担当。著書に『新・中世王権論』（文春学藝ライブラリー）、『権力の日本史』『日本史のツボ』（いずれも文春新書）、『乱と変の日本史』（祥伝社新書）、『信長「歴史的人間」とは何か』（トランスビュー）ほか多数。

宝島社新書

変わる日本史の通説と教科書
（かわるにほんしのつうせつときょうかしょ）

2021年6月24日　第1刷発行

著　者　本郷和人
発行人　蓮見清一
発行所　株式会社　宝島社
〒102-8388 東京都千代田区一番町25番地
電話：営業　03(3234)4621
　　　編集　03(3239)0646
https://tkj.jp
印刷・製本：中央精版印刷株式会社

ISBN 978-4-299-01694-2